El Club de las 5 de la mañana

Diario

ROBIN SHARMA

El Club de las 5 de la mañana

Diario

Traducción de
Andrea Montero Cusset

Grijalbo

Querido madrugador [y ser humano entregado al rendimiento de élite + el impacto exponencial]:

Te felicito por invertir en este diario que he diseñado para mejorar de manera constante tus mañanas y optimizar tus días drásticamente. Nuestro mundo necesita más héroes y personas de auténtico virtuosismo, y emplear esta herramienta todos los días garantizará que te conviertas en uno de ellos.

Por favor, utiliza este diario como complemento de mi best seller mundial *El Club de las 5 de la mañana*, punto de partida de un movimiento de personas con un rendimiento excepcional que se levantan antes del amanecer y aplican la *Fórmula 20/20/20* para materializar su genio primario.

Las páginas que siguen te darán la oportunidad de:

- llevar el control de tu lealtad a la rutina matinal que enseño en el libro;
- revisar con regularidad tus OAV (Objetivos de Alto Valor) para 90 días con el fin de priorizarlos y alcanzar su punto máximo;
- centrarte en tus 5 Valores Principales para respetarlos cada día permaneciendo fiel a la mejor versión de ti mismo;
- registrar tus 5 Diarios [las cinco microvictorias que debes conseguir a toda costa antes de acostarte];
- anotar tus 3 Nocturnos [tres cosas por las que te sientes agradecido del día que acabas de vivir; esta práctica te ayudará a superar la tendencia a la negatividad del cerebro humano para concentrarte en lo que no está funcionando y activar un profundo agradecimiento en torno a las victorias actuales de tu vida];

- ceñirte al excepcional Ritual Previo al Sueño [clave para una rutina matinal y para aprovechar al máximo la *Fórmula 20/20/20*].

Unirte al Club de las 5 de la mañana —y permanecer en él— es el único hábito que mejora todos los demás. Es el comportamiento matinal que protege tu creatividad, multiplica tu productividad y blinda tu tranquilidad para que cada día salgas al mundo expresando tus mayores dones, talentos y valentía.

Una vez más, enhorabuena por invertir en este diario.

Sé fuerte. Sigue comprometido. Y controla tus mañanas. Así impulsarás tu vida.

Con amor y respeto,

Robin

P. D.: He elaborado un vídeo de aprendizaje poderoso y repleto de contenido que ahondará en tu comprensión de los modelos de aprendizaje de *El Club de las 5 de la mañana*, incluidos el protocolo de establecer hábitos y la *Fórmula 20/20/20*.
Accede a él de forma gratuita en The5amClub.com/masterclass

«Para construir una vida formidable, erige tu vida cotidiana en torno a tus mayores prioridades».

EL
CLUB
DE LAS **5** DE LA
MAÑANA

NOMBRE:

FECHA DE INICIO:

LUGAR:

EN CASO DE PÉRDIDA:

NÚMERO DE TELÉFONO:

E-MAIL:

CONTROLA TUS MAÑANAS · IMPULSA TU VIDA

EL HÁBITO DE LLEVAR UN DIARIO
DECONSTRUCCIÓN

MULTIPLICA LA CLARIDAD Y LA CONCIENCIACIÓN

ACTIVA LA GRATITUD DELIBERADA

REFUERZA EL APRENDIZAJE DIARIO

REGISTRA LOS ASPECTOS EN LOS QUE SE ES VENCEDOR

PROCESA LAS EMOCIONES DE BAJA ENERGÍA PARA LIBERARLAS Y NO REPRIMIRLAS

OFRECE UN LUGAR DE TRABAJO EN MEDIO DE LA CONFUSIÓN

PERMITE PLANIFICAR Y ESTABLECER OBJETIVOS PARA MEJORAR LA EJECUCIÓN

ATESORA LAS MEJORES EXPERIENCIAS DE LA VIDA

PERMITE REVIVIR MOMENTOS FELICES

ELEVA LA CREATIVIDAD QUE, CUANDO SE TRADUCE EN PRODUCTIVIDAD, DA LUGAR A LA MAESTRÍA

Mira mi vídeo de entrenamiento gratuito «La deconstrucción de llevar un diario» para ver una deconstrucción de mi práctica personal de llevar un diario en The5AMClub.com/HowToJournal

5 OBJETIVOS DE GRAN VALOR
PARA LOS PRÓXIMOS 90 DÍAS:

1. Planear unas vacaciones familiares a un destino nuevo y excitante

2. Contratar a un entrenador personal y comprometerme a hacer ejercicio tres veces por semana

3. Acabar el gran proyecto del trabajo que he estado posponiendo

4. Apuntarme a al menos tres eventos para trabajar en mi desarrollo personal

5. Apuntarme a al menos tres eventos para trabajar en mi desarrollo profesional

5 VALORES PRINCIPALES EN LOS QUE TRABAJAR
DURANTE LOS PRÓXIMOS 90 DÍAS:

1. Hacer de mi salud una prioridad todos los días

2. Tomarme el tiempo de sentarme y cenar a la mesa en familia todas las noches

3. Asesorar a aquellos del trabajo que necesitan guía en mi campo

4. Establecer noches de citas con mi pareja

5. Aplicar la Fórmula 20/20/20 cada mañana para que mis días conduzcan a la maestría

—LA FÓRMULA 20/20/20—

FASE N.º 1

5.00 H
5.20 H
MUÉVETE

CONSEGUIDO: SÍ ☑   NO ☐

COMPROMISO PARA MAÑANA POR LA MAÑANA:
Comprometerme a hacer 25 flexiones

FASE N.º 2

5.20 H
5.40 H
REFLEXIONA

CONSEGUIDO: SÍ ☑   NO ☐

COMPROMISO PARA MAÑANA POR LA MAÑANA:
Buscar entre fotos de familia y rememorar esos
recuerdos importantes

FASE N.º 3

5.40 H
6.00 H
CRECE

CONSEGUIDO: SÍ ☑   NO ☐

COMPROMISO PARA MAÑANA POR LA MAÑANA:
Escuchar las Sesiones de Maestría durante 20 minutos

PRÁCTICA MATINAL
5 MICROOBJETIVOS PARA HOY:

1. Acabar el último capítulo de El Club de las 5 de la mañana
2. Celebrar una reunión en la oficina para planear el próximo trimestre
3. Ir a una clase de spinning
4. Disfrutar de una comida familiar en un bonito restaurante de la ciudad
5. Escribir un capítulo de mi nuevo libro

PRÁCTICA NOCTURNA
3 PEQUEÑAS VICTORIAS DE HOY:

1. He sido capaz de levantarme e ir a un trabajo que me encanta
2. He sonreído a un desconocido
3. He compartido una hermosa comida con mi familia

RITUAL PREVIO AL SUEÑO: SÍ ☑   NO ☐

MI REFLEXIÓN DIARIA

Hoy me he sentido empoderado por mi lugar de trabajo, pues siguen alentándome para que honre mi destreza y mis habilidades haciendo lo que más me gusta. Me siento agradecido por ser capaz de hacer lo que hago con la gente con la que lo hago.

Mi familia y yo estamos planeando unas vacaciones en otoño. Serán las primeras en años, así que estoy emocionado por pasar ese preciado tiempo de calidad con las personas a las que amo. Sobre todo cerca de finales de año, después de que todos hayamos trabajado tanto. Nos lo merecemos.

Mi salud y mi forma física son ahora una prioridad. Tengo que seguir por aquí no solo para continuar alcanzando un nivel cada vez más alto, sino para estar ahí para mi familia.

5 OBJETIVOS DE GRAN VALOR
PARA LOS PRÓXIMOS 90 DÍAS:

1.

2.

3.

4.

5.

5 VALORES PRINCIPALES
EN LOS QUE TRABAJAR
DURANTE LOS PRÓXIMOS 90 DÍAS:

1.

2.

3.

4.

5.

—LA FÓRMULA 20/20/20—

FASE N.º 1

5.00 H
5.20 H
MUÉVETE

CONSEGUIDO: SÍ ☐   NO ☐

COMPROMISO PARA MAÑANA POR LA MAÑANA:

_____

_____

FASE N.º 2

5.20 H
5.40 H
REFLEXIONA

CONSEGUIDO: SÍ ☐   NO ☐

COMPROMISO PARA MAÑANA POR LA MAÑANA:

_____

_____

FASE N.º 3

5.40 H
6.00 H
CRECE

CONSEGUIDO: SÍ ☐   NO ☐

COMPROMISO PARA MAÑANA POR LA MAÑANA:

_____

_____

PRÁCTICA MATINAL
5 MICROOBJETIVOS PARA HOY:

1. _____
2. _____
3. _____
4. _____
5. _____

PRÁCTICA NOCTURNA
3 PEQUEÑAS VICTORIAS DE HOY:

1. _____
2. _____
3. _____

RITUAL PREVIO AL SUEÑO: SÍ ☐   NO ☐

«"No puedo" constituye la adicción de los mediocres».

- R O B I N S H A R M A -

MI REFLEXIÓN DIARIA

—LA FÓRMULA 20/20/20—

FASE N.º 1

5.00 H
5.20 H
MUÉVETE

CONSEGUIDO: SÍ ☐   NO ☐

COMPROMISO PARA MAÑANA POR LA MAÑANA:

_____

_____

FASE N.º 2

5.20 H
5.40 H
REFLEXIONA

CONSEGUIDO: SÍ ☐   NO ☐

COMPROMISO PARA MAÑANA POR LA MAÑANA:

_____

_____

FASE N.º 3

5.40 H
6.00 H
CRECE

CONSEGUIDO: SÍ ☐   NO ☐

COMPROMISO PARA MAÑANA POR LA MAÑANA:

_____

_____

PRÁCTICA MATINAL
5 MICROOBJETIVOS PARA HOY:

1. _____
2. _____
3. _____
4. _____
5. _____

PRÁCTICA NOCTURNA
3 PEQUEÑAS VICTORIAS DE HOY:

1. _____
2. _____
3. _____

RITUAL PREVIO AL SUEÑO: SÍ ☐   NO ☐

«El genio no está en la esfera de la genética, sino en la de la práctica».
- R O B I N   S H A R M A -

MI REFLEXIÓN DIARIA

—LA FÓRMULA 20/20/20—

FASE N.º 1

5.00 H
5.20 H
MUÉVETE

CONSEGUIDO: SÍ ☐ NO ☐

COMPROMISO PARA MAÑANA POR LA MAÑANA:

_____

_____

FASE N.º 2

5.20 H
5.40 H
REFLEXIONA

CONSEGUIDO: SÍ ☐ NO ☐

COMPROMISO PARA MAÑANA POR LA MAÑANA:

_____

_____

FASE N.º 3

5.40 H
6.00 H
CRECE

CONSEGUIDO: SÍ ☐ NO ☐

COMPROMISO PARA MAÑANA POR LA MAÑANA:

_____

_____

PRÁCTICA MATINAL
5 MICROOBJETIVOS PARA HOY:

1. _____
2. _____
3. _____
4. _____
5. _____

PRÁCTICA NOCTURNA
3 PEQUEÑAS VICTORIAS DE HOY:

1. _____
2. _____
3. _____

RITUAL PREVIO AL SUEÑO: SÍ ☐ NO ☐

«Para conseguir los resultados que solo el 5 por ciento de la población obtiene, debes estar dispuesto a hacer lo que el 95 por ciento restante no está dispuesto a hacer».

- ROBIN SHARMA -

MI REFLEXIÓN DIARIA

—LA FÓRMULA 20/20/20—

FASE N.º 1

5.00 H
5.20 H
MUÉVETE

CONSEGUIDO: SÍ ☐ NO☐

COMPROMISO PARA MAÑANA POR LA MAÑANA:

_____

_____

FASE N.º 2

5.20 H
5.40 H
REFLEXIONA

CONSEGUIDO: SÍ ☐ NO☐

COMPROMISO PARA MAÑANA POR LA MAÑANA:

_____

_____

FASE N.º 3

5.40 H
6.00 H
CRECE

CONSEGUIDO: SÍ ☐ NO☐

COMPROMISO PARA MAÑANA POR LA MAÑANA:

_____

_____

PRÁCTICA MATINAL
5 MICROOBJETIVOS PARA HOY:

1. _____
2. _____
3. _____
4. _____
5. _____

PRÁCTICA NOCTURNA
3 PEQUEÑAS VICTORIAS DE HOY:

1. _____
2. _____
3. _____

RITUAL PREVIO AL SUEÑO: SÍ ☐ NO☐

«Sueña grandes cosas. Empieza por las pequeñas. Comienza ahora».
- R O B I N   S H A R M A -

MI REFLEXIÓN DIARIA

—LA FÓRMULA 20/20/20—

FASE N.º 1

5.00 H
5.20 H
MUÉVETE

CONSEGUIDO: SÍ ☐   NO ☐

COMPROMISO PARA MAÑANA POR LA MAÑANA:

_____

_____

FASE N.º 2

5.20 H
5.40 H
REFLEXIONA

CONSEGUIDO: SÍ ☐   NO ☐

COMPROMISO PARA MAÑANA POR LA MAÑANA:

_____

_____

FASE N.º 3

5.40 H
6.00 H
CRECE

CONSEGUIDO: SÍ ☐   NO ☐

COMPROMISO PARA MAÑANA POR LA MAÑANA:

_____

_____

PRÁCTICA MATINAL
5 MICROOBJETIVOS PARA HOY:

1. _____
2. _____
3. _____
4. _____
5. _____

PRÁCTICA NOCTURNA
3 PEQUEÑAS VICTORIAS DE HOY:

1. _____
2. _____
3. _____

RITUAL PREVIO AL SUEÑO: SÍ ☐   NO ☐

> «En lugar de temer el dolor que produce el fracaso,
> preocúpate por la arrogancia que despierta el éxito».
>
> - R O B I N   S H A R M A -

MI REFLEXIÓN DIARIA

—LA FÓRMULA 20/20/20—

FASE N.º 1

5.00 H
5.20 H
MUÉVETE

CONSEGUIDO: SÍ ☐ NO☐

COMPROMISO PARA MAÑANA POR LA MAÑANA:

_____

_____

FASE N.º 2

5.20 H
5.40 H
REFLEXIONA

CONSEGUIDO: SÍ ☐ NO☐

COMPROMISO PARA MAÑANA POR LA MAÑANA:

_____

_____

FASE N.º 3

5.40 H
6.00 H
CRECE

CONSEGUIDO: SÍ ☐ NO☐

COMPROMISO PARA MAÑANA POR LA MAÑANA:

_____

_____

PRÁCTICA MATINAL
5 MICROOBJETIVOS PARA HOY:

1. _____
2. _____
3. _____
4. _____
5. _____

PRÁCTICA NOCTURNA
3 PEQUEÑAS VICTORIAS DE HOY:

1. _____
2. _____
3. _____

RITUAL PREVIO AL SUEÑO: SÍ ☐ NO☐

«La incomodidad del cambio es mejor que la congoja de la complacencia».

- R O B I N   S H A R M A -

MI REFLEXIÓN DIARIA

—LA FÓRMULA 20/20/20—

FASE N.º 1

5.00 H
5.20 H
MUÉVETE

CONSEGUIDO: SÍ ☐   NO ☐

COMPROMISO PARA MAÑANA POR LA MAÑANA:

_____

_____

FASE N.º 2

5.20 H
5.40 H
REFLEXIONA

CONSEGUIDO: SÍ ☐   NO ☐

COMPROMISO PARA MAÑANA POR LA MAÑANA:

_____

_____

FASE N.º 3

5.40 H
6.00 H
CRECE

CONSEGUIDO: SÍ ☐   NO ☐

COMPROMISO PARA MAÑANA POR LA MAÑANA:

_____

_____

PRÁCTICA MATINAL
5 MICROOBJETIVOS PARA HOY:

1. _____
2. _____
3. _____
4. _____
5. _____

PRÁCTICA NOCTURNA
3 PEQUEÑAS VICTORIAS DE HOY:

1. _____
2. _____
3. _____

RITUAL PREVIO AL SUEÑO: SÍ ☐   NO ☐

«Una producción de élite sin unas vacaciones tranquilas provoca un largo agotamiento».

- R O B I N   S H A R M A -

MI REFLEXIÓN DIARIA

REVISIÓN ESTRATÉGICA SEMANAL

¿QUÉ ME HA FUNCIONADO ESTA SEMANA?

¿QUÉ TENGO QUE MEJORAR?

¿QUÉ PUEDO CELEBRAR?

Para descargar el planificador semanal que utilizo para organizar
mis propias semanas, ve a: The5amClub.com/weeklyplanner

MIS 3 OBJETIVOS PERSONALES PRINCIPALES PARA LA SEMANA ENTRANTE:

①

②

③

MIS 3 OBJETIVOS LABORALES PRINCIPALES PARA LA SEMANA ENTRANTE:

①

②

③

OPTIMIZACIONES GENERALES PARA LA SEMANA ENTRANTE:

①

②

③

—LA FÓRMULA 20/20/20—

FASE N.º 1

5.00 H
5.20 H
MUÉVETE

CONSEGUIDO: SÍ ☐   NO ☐

COMPROMISO PARA MAÑANA POR LA MAÑANA:

_____

_____

FASE N.º 2

5.20 H
5.40 H
REFLEXIONA

CONSEGUIDO: SÍ ☐   NO ☐

COMPROMISO PARA MAÑANA POR LA MAÑANA:

_____

_____

FASE N.º 3

5.40 H
6.00 H
CRECE

CONSEGUIDO: SÍ ☐   NO ☐

COMPROMISO PARA MAÑANA POR LA MAÑANA:

_____

PRÁCTICA MATINAL
5 MICROOBJETIVOS PARA HOY:

1. _____
2. _____
3. _____
4. _____
5. _____

PRÁCTICA NOCTURNA
3 PEQUEÑAS VICTORIAS DE HOY:

1. _____
2. _____
3. _____

RITUAL PREVIO AL SUEÑO: SÍ ☐   NO ☐

«El liderazgo consiste en marcar la diferencia justo desde donde estás».

- R O B I N   S H A R M A -

MI REFLEXIÓN DIARIA

—LA FÓRMULA 20/20/20—

FASE N.º 1

5.00 H
5.20 H
MUÉVETE

CONSEGUIDO: SÍ ☐   NO ☐

COMPROMISO PARA MAÑANA POR LA MAÑANA:

_____

_____

FASE N.º 2

5.20 H
5.40 H
REFLEXIONA

CONSEGUIDO: SÍ ☐   NO ☐

COMPROMISO PARA MAÑANA POR LA MAÑANA:

_____

_____

FASE N.º 3

5.40 H
6.00 H
CRECE

CONSEGUIDO: SÍ ☐   NO ☐

COMPROMISO PARA MAÑANA POR LA MAÑANA:

_____

_____

PRÁCTICA MATINAL
5 MICROOBJETIVOS PARA HOY:

1. _____
2. _____
3. _____
4. _____
5. _____

PRÁCTICA NOCTURNA
3 PEQUEÑAS VICTORIAS DE HOY:

1. _____
2. _____
3. _____

RITUAL PREVIO AL SUEÑO: SÍ ☐   NO ☐

«Puedes ser creativo o puedes estar distraído, pero no ambas cosas».

- R O B I N   S H A R M A -

MI REFLEXIÓN DIARIA

—LA FÓRMULA 20/20/20—

FASE N.º 1

5.00 H
5.20 H
MUÉVETE

CONSEGUIDO: SÍ ☐ NO ☐

COMPROMISO PARA MAÑANA POR LA MAÑANA:

_____

_____

FASE N.º 2

5.20 H
5.40 H
REFLEXIONA

CONSEGUIDO: SÍ ☐ NO ☐

COMPROMISO PARA MAÑANA POR LA MAÑANA:

_____

_____

FASE N.º 3

5.40 H
6.00 H
CRECE

CONSEGUIDO: SÍ ☐ NO ☐

COMPROMISO PARA MAÑANA POR LA MAÑANA:

_____

_____

PRÁCTICA MATINAL
5 MICROOBJETIVOS PARA HOY:

1. _____
2. _____
3. _____
4. _____
5. _____

PRÁCTICA NOCTURNA
3 PEQUEÑAS VICTORIAS DE HOY:

1. _____
2. _____
3. _____

RITUAL PREVIO AL SUEÑO: SÍ ☐ NO ☐

«Un problema es solo un problema si decides verlo como tal».
- R O B I N   S H A R M A -

MI REFLEXIÓN DIARIA

PRÁCTICA MATINAL
5 MICROOBJETIVOS PARA HOY:

1.
2.
3.
4.
5.

PRÁCTICA NOCTURNA
3 PEQUEÑAS VICTORIAS DE HOY:

1.
2.
3.

RITUAL PREVIO AL SUEÑO: SÍ ☐ NO ☐

«Empieza a ser un artífice de la imaginación, uno de esos individuos tan especiales que lideran desde la nobleza de su yo futuro a través de los barrotes de la prisión de su pasado».

- R O B I N   S H A R M A -

MI REFLEXIÓN DIARIA

—LA FÓRMULA 20/20/20—

FASE N.º 1

5.00 H
5.20 H
MUÉVETE

CONSEGUIDO: SÍ ☐   NO ☐

COMPROMISO PARA MAÑANA POR LA MAÑANA:

_____

FASE N.º 2

5.20 H
5.40 H
REFLEXIONA

CONSEGUIDO: SÍ ☐   NO ☐

COMPROMISO PARA MAÑANA POR LA MAÑANA:

_____

FASE N.º 3

5.40 H
6.00 H
CRECE

CONSEGUIDO: SÍ ☐   NO ☐

COMPROMISO PARA MAÑANA POR LA MAÑANA:

_____

PRÁCTICA MATINAL
5 MICROOBJETIVOS PARA HOY:

1. _____
2. _____
3. _____
4. _____
5. _____

PRÁCTICA NOCTURNA
3 PEQUEÑAS VICTORIAS DE HOY:

1. _____
2. _____
3. _____

RITUAL PREVIO AL SUEÑO: SÍ ☐   NO ☐

> «Limitarse no es nada más que mantener una mentalidad
> que demasiadas personas buenas practican diariamente hasta que para ellas
> se convierte en una realidad».
>
> - R O B I N S H A R M A -

MI REFLEXIÓN DIARIA

—LA FÓRMULA 20/20/20—

FASE N.º 1

5.00 H
5.20 H
MUÉVETE

CONSEGUIDO: SÍ ☐   NO ☐

COMPROMISO PARA MAÑANA POR LA MAÑANA:

_____

_____

FASE N.º 2

5.20 H
5.40 H
REFLEXIONA

CONSEGUIDO: SÍ ☐   NO ☐

COMPROMISO PARA MAÑANA POR LA MAÑANA:

_____

_____

FASE N.º 3

5.40 H
6.00 H
CRECE

CONSEGUIDO: SÍ ☐   NO ☐

COMPROMISO PARA MAÑANA POR LA MAÑANA:

_____

_____

PRÁCTICA MATINAL
5 MICROOBJETIVOS PARA HOY:

1. _____
2. _____
3. _____
4. _____
5. _____

PRÁCTICA NOCTURNA
3 PEQUEÑAS VICTORIAS DE HOY:

1. _____
2. _____
3. _____

RITUAL PREVIO AL SUEÑO: SÍ ☐   NO ☐

«Ser tú mismo es una carta de amor al mundo».

- R O B I N   S H A R M A -

MI REFLEXIÓN DIARIA

—LA FÓRMULA 20/20/20—

FASE N.º 1

5.00 H
5.20 H
MUÉVETE

CONSEGUIDO: SÍ ☐ NO ☐

COMPROMISO PARA MAÑANA POR LA MAÑANA:

_____

_____

FASE N.º 2

5.20 H
5.40 H
REFLEXIONA

CONSEGUIDO: SÍ ☐ NO ☐

COMPROMISO PARA MAÑANA POR LA MAÑANA:

_____

_____

FASE N.º 3

5.40 H
6.00 H
CRECE

CONSEGUIDO: SÍ ☐ NO ☐

COMPROMISO PARA MAÑANA POR LA MAÑANA:

_____

_____

PRÁCTICA MATINAL
5 MICROOBJETIVOS PARA HOY:

1. _____
2. _____
3. _____
4. _____
5. _____

PRÁCTICA NOCTURNA
3 PEQUEÑAS VICTORIAS DE HOY:

1. _____
2. _____
3. _____

RITUAL PREVIO AL SUEÑO: SÍ ☐ NO ☐

«La grandeza se obtiene iniciando algo que no concluye contigo».

MI REFLEXIÓN DIARIA

REVISIÓN ESTRATÉGICA SEMANAL

¿QUÉ ME HA FUNCIONADO ESTA SEMANA?

¿QUÉ TENGO QUE MEJORAR?

¿QUÉ PUEDO CELEBRAR?

Para descargar el planificador semanal que utilizo para organizar
mis propias semanas, ve a: The5amClub.com/weeklyplanner

MIS 3 OBJETIVOS PERSONALES PRINCIPALES PARA LA SEMANA ENTRANTE:

①

②

③

MIS 3 OBJETIVOS LABORALES PRINCIPALES PARA LA SEMANA ENTRANTE:

①

②

③

OPTIMIZACIONES GENERALES PARA LA SEMANA ENTRANTE:

①

②

③

—LA FÓRMULA 20/20/20—

FASE N.º 1

5.00 H
5.20 H
MUÉVETE

CONSEGUIDO: SÍ ☐   NO ☐

COMPROMISO PARA MAÑANA POR LA MAÑANA:

_____

_____

FASE N.º 2

5.20 H
5.40 H
REFLEXIONA

CONSEGUIDO: SÍ ☐   NO ☐

COMPROMISO PARA MAÑANA POR LA MAÑANA:

_____

_____

FASE N.º 3

5.40 H
6.00 H
CRECE

CONSEGUIDO: SÍ ☐   NO ☐

COMPROMISO PARA MAÑANA POR LA MAÑANA:

_____

_____

PRÁCTICA MATINAL
5 MICROOBJETIVOS PARA HOY:

1. _____
2. _____
3. _____
4. _____
5. _____

PRÁCTICA NOCTURNA
3 PEQUEÑAS VICTORIAS DE HOY:

1. _____
2. _____
3. _____

RITUAL PREVIO AL SUEÑO: SÍ ☐   NO ☐

«El dolor del crecimiento es mucho menor que los costes devastadores del arrepentimiento».

- R O B I N   S H A R M A -

MI REFLEXIÓN DIARIA

—LA FÓRMULA 20/20/20—

FASE N.º 1

5.00 H
5.20 H
MUÉVETE

CONSEGUIDO: SÍ ☐ NO ☐

COMPROMISO PARA MAÑANA POR LA MAÑANA:

_____

_____

FASE N.º 2

5.20 H
5.40 H
REFLEXIONA

CONSEGUIDO: SÍ ☐ NO ☐

COMPROMISO PARA MAÑANA POR LA MAÑANA:

_____

_____

FASE N.º 3

5.40 H
6.00 H
CRECE

CONSEGUIDO: SÍ ☐ NO ☐

COMPROMISO PARA MAÑANA POR LA MAÑANA:

_____

_____

PRÁCTICA MATINAL
5 MICROOBJETIVOS PARA HOY:

1. _____
2. _____
3. _____
4. _____
5. _____

PRÁCTICA NOCTURNA
3 PEQUEÑAS VICTORIAS DE HOY:

1. _____
2. _____
3. _____

RITUAL PREVIO AL SUEÑO: SÍ ☐ NO ☐

«Tu "yo puedo" es más importante que tu cociente intelectual».

- R O B I N   S H A R M A -

MI REFLEXIÓN DIARIA

—LA FÓRMULA 20/20/20—

FASE N.º 1

5.00 H
5.20 H
MUÉVETE

CONSEGUIDO: SÍ ☐   NO ☐

COMPROMISO PARA MAÑANA POR LA MAÑANA:

_____

_____

FASE N.º 2

5.20 H
5.40 H
REFLEXIONA

CONSEGUIDO: SÍ ☐   NO ☐

COMPROMISO PARA MAÑANA POR LA MAÑANA:

_____

_____

FASE N.º 3

5.40 H
6.00 H
CRECE

CONSEGUIDO: SÍ ☐   NO ☐

COMPROMISO PARA MAÑANA POR LA MAÑANA:

_____

_____

PRÁCTICA MATINAL
5 MICROOBJETIVOS PARA HOY:

1. _____
2. _____
3. _____
4. _____
5. _____

PRÁCTICA NOCTURNA
3 PEQUEÑAS VICTORIAS DE HOY:

1. _____
2. _____
3. _____

RITUAL PREVIO AL SUEÑO: SÍ ☐   NO ☐

«Los capaces actúan. Los incapaces critican».

- R O B I N   S H A R M A -

MI REFLEXIÓN DIARIA

—LA FÓRMULA 20/20/20—

FASE N.º 1

5.00 H
5.20 H
MUÉVETE

CONSEGUIDO: SÍ ☐   NO☐

COMPROMISO PARA MAÑANA POR LA MAÑANA:

_____

_____

FASE N.º 2

5.20 H
5.40 H
REFLEXIONA

CONSEGUIDO: SÍ ☐   NO☐

COMPROMISO PARA MAÑANA POR LA MAÑANA:

_____

FASE N.º 3

5.40 H
6.00 H
CRECE

CONSEGUIDO: SÍ ☐   NO☐

COMPROMISO PARA MAÑANA POR LA MAÑANA:

_____

PRÁCTICA MATINAL
5 MICROOBJETIVOS PARA HOY:

1. _____
2. _____
3. _____
4. _____
5. _____

PRÁCTICA NOCTURNA
3 PEQUEÑAS VICTORIAS DE HOY:

1. _____
2. _____
3. _____

RITUAL PREVIO AL SUEÑO: SÍ ☐   NO☐

«Deja de gestionar tu tiempo y empieza a gestionar tu concentración».
- R O B I N   S H A R M A -

MI REFLEXIÓN DIARIA

—LA FÓRMULA 20/20/20—

FASE N.º 1

5.00 H
5.20 H
MUÉVETE

CONSEGUIDO: SÍ ☐   NO ☐

COMPROMISO PARA MAÑANA POR LA MAÑANA:

FASE N.º 2

5.20 H
5.40 H
REFLEXIONA

CONSEGUIDO: SÍ ☐   NO ☐

COMPROMISO PARA MAÑANA POR LA MAÑANA:

FASE N.º 3

5.40 H
6.00 H
CRECE

CONSEGUIDO: SÍ ☐   NO ☐

COMPROMISO PARA MAÑANA POR LA MAÑANA:

PRÁCTICA MATINAL
5 MICROOBJETIVOS PARA HOY:

1. _____
2. _____
3. _____
4. _____
5. _____

PRÁCTICA NOCTURNA
3 PEQUEÑAS VICTORIAS DE HOY:

1. _____
2. _____
3. _____

RITUAL PREVIO AL SUEÑO: SÍ ☐   NO ☐

«No importa si la gente comprende tus intenciones,
siempre y cuando tú comprendas tus intenciones».
- R O B I N   S H A R M A -

MI REFLEXIÓN DIARIA

—LA FÓRMULA 20/20/20—

FASE N.º 1

5.00 H
5.20 H
MUÉVETE

CONSEGUIDO: SÍ ☐ NO☐

COMPROMISO PARA MAÑANA POR LA MAÑANA:

_____

_____

FASE N.º 2

5.20 H
5.40 H
REFLEXIONA

CONSEGUIDO: SÍ ☐ NO☐

COMPROMISO PARA MAÑANA POR LA MAÑANA:

_____

FASE N.º 3

5.40 H
6.00 H
CRECE

CONSEGUIDO: SÍ ☐ NO☐

COMPROMISO PARA MAÑANA POR LA MAÑANA:

_____

PRÁCTICA MATINAL
5 MICROOBJETIVOS PARA HOY:

1. _____
2. _____
3. _____
4. _____
5. _____

PRÁCTICA NOCTURNA
3 PEQUEÑAS VICTORIAS DE HOY:

1. _____
2. _____
3. _____

RITUAL PREVIO AL SUEÑO: SÍ ☐ NO☐

«Manejar la mente es esencial para manejar la vida cotidiana».
- R O B I N   S H A R M A -

MI REFLEXIÓN DIARIA

—LA FÓRMULA 20/20/20—

FASE N.º 1

5.00 H
5.20 H
MUÉVETE

CONSEGUIDO: SÍ ☐ NO ☐

COMPROMISO PARA MAÑANA POR LA MAÑANA:

_____

_____

FASE N.º 2

5.20 H
5.40 H
REFLEXIONA

CONSEGUIDO: SÍ ☐ NO ☐

COMPROMISO PARA MAÑANA POR LA MAÑANA:

_____

_____

FASE N.º 3

5.40 H
6.00 H
CRECE

CONSEGUIDO: SÍ ☐ NO ☐

COMPROMISO PARA MAÑANA POR LA MAÑANA:

_____

_____

PRÁCTICA MATINAL
5 MICROOBJETIVOS PARA HOY:

1. _____
2. _____
3. _____
4. _____
5. _____

PRÁCTICA NOCTURNA
3 PEQUEÑAS VICTORIAS DE HOY:

1. _____
2. _____
3. _____

RITUAL PREVIO AL SUEÑO: SÍ ☐ NO ☐

«Bajo la maestría pervive la consistencia. En torno a la excelencia yace la persistencia».

— ROBIN SHARMA —

MI REFLEXIÓN DIARIA

REVISIÓN ESTRATÉGICA SEMANAL

¿QUÉ ME HA FUNCIONADO ESTA SEMANA?

¿QUÉ TENGO QUE MEJORAR?

¿QUÉ PUEDO CELEBRAR?

Para descargar el planificador semanal que utilizo para organizar
mis propias semanas, ve a: The5amClub.com/weeklyplanner

MIS 3 OBJETIVOS PERSONALES PRINCIPALES PARA LA SEMANA ENTRANTE:

① _____

② _____

③ _____

MIS 3 OBJETIVOS LABORALES PRINCIPALES PARA LA SEMANA ENTRANTE:

① _____

② _____

③ _____

OPTIMIZACIONES GENERALES PARA LA SEMANA ENTRANTE:

① _____

② _____

③ _____

CONTROLA TUS MAÑANAS 🂡 IMPULSA TU VIDA

—LA FÓRMULA 20/20/20—

FASE N.º 1

5.00 H
5.20 H
MUÉVETE

CONSEGUIDO: SÍ ☐   NO ☐

COMPROMISO PARA MAÑANA POR LA MAÑANA:

_____

FASE N.º 2

5.20 H
5.40 H
REFLEXIONA

CONSEGUIDO: SÍ ☐   NO ☐

COMPROMISO PARA MAÑANA POR LA MAÑANA:

_____

FASE N.º 3

5.40 H
6.00 H
CRECE

CONSEGUIDO: SÍ ☐   NO ☐

COMPROMISO PARA MAÑANA POR LA MAÑANA:

_____

PRÁCTICA MATINAL
5 MICROOBJETIVOS PARA HOY:

1. _____
2. _____
3. _____
4. _____
5. _____

PRÁCTICA NOCTURNA
3 PEQUEÑAS VICTORIAS DE HOY:

1. _____
2. _____
3. _____

RITUAL PREVIO AL SUEÑO: SÍ ☐   NO ☐

«El éxito colosal no depende tanto de la genética heredada como de los hábitos diarios».

-ROBIN SHARMA-

MI REFLEXIÓN DIARIA

—LA FÓRMULA 20/20/20—

FASE N.º 1

5.00 H
5.20 H
MUÉVETE

CONSEGUIDO: SÍ ☐   NO ☐

COMPROMISO PARA MAÑANA POR LA MAÑANA:

_____

_____

FASE N.º 2

5.20 H
5.40 H
REFLEXIONA

CONSEGUIDO: SÍ ☐   NO ☐

COMPROMISO PARA MAÑANA POR LA MAÑANA:

_____

_____

FASE N.º 3

5.40 H
6.00 H
CRECE

CONSEGUIDO: SÍ ☐   NO ☐

COMPROMISO PARA MAÑANA POR LA MAÑANA:

_____

_____

PRÁCTICA MATINAL
5 MICROOBJETIVOS PARA HOY:

1. _____
2. _____
3. _____
4. _____
5. _____

PRÁCTICA NOCTURNA
3 PEQUEÑAS VICTORIAS DE HOY:

1. _____
2. _____
3. _____

RITUAL PREVIO AL SUEÑO: SÍ ☐   NO ☐

«Es más inteligente centrarse en la calidad que en la velocidad».
-ROBIN SHARMA-

MI REFLEXIÓN DIARIA

—LA FÓRMULA 20/20/20—

FASE N.º 1

5.00 H
5.20 H
MUÉVETE

CONSEGUIDO: SÍ ☐   NO ☐

COMPROMISO PARA MAÑANA POR LA MAÑANA:

_____

FASE N.º 2

5.20 H
5.40 H
REFLEXIONA

CONSEGUIDO: SÍ ☐   NO ☐

COMPROMISO PARA MAÑANA POR LA MAÑANA:

_____

FASE N.º 3

5.40 H
6.00 H
CRECE

CONSEGUIDO: SÍ ☐   NO ☐

COMPROMISO PARA MAÑANA POR LA MAÑANA:

_____

PRÁCTICA MATINAL
5 MICROOBJETIVOS PARA HOY:

1. _____
2. _____
3. _____
4. _____
5. _____

PRÁCTICA NOCTURNA
3 PEQUEÑAS VICTORIAS DE HOY:

1. _____
2. _____
3. _____

RITUAL PREVIO AL SUEÑO: SÍ ☐   NO ☐

«Te conviertes en tus conversaciones. Piensas como tus asociaciones. Y tu vida se parecerá mucho a la de las personas con las que pasas la mayor parte del tiempo».

-ROBIN SHARMA-

MI REFLEXIÓN DIARIA

—LA FÓRMULA 20/20/20—

FASE N.º 1

5.00 H
5.20 H
MUÉVETE

CONSEGUIDO: SÍ ☐ NO ☐

COMPROMISO PARA MAÑANA POR LA MAÑANA:

_____

_____

FASE N.º 2

5.20 H
5.40 H
REFLEXIONA

CONSEGUIDO: SÍ ☐ NO ☐

COMPROMISO PARA MAÑANA POR LA MAÑANA:

_____

_____

FASE N.º 3

5.40 H
6.00 H
CRECE

CONSEGUIDO: SÍ ☐ NO ☐

COMPROMISO PARA MAÑANA POR LA MAÑANA:

_____

_____

PRÁCTICA MATINAL
5 MICROOBJETIVOS PARA HOY:

1. _____
2. _____
3. _____
4. _____
5. _____

PRÁCTICA NOCTURNA
3 PEQUEÑAS VICTORIAS DE HOY:

1. _____
2. _____
3. _____

RITUAL PREVIO AL SUEÑO: SÍ ☐ NO ☐

«No puedes ganar en un juego al que no juegas».
- ROBIN SHARMA -

MI REFLEXIÓN DIARIA

—LA FÓRMULA 20/20/20—

FASE N.º 1

5.00 H
5.20 H
MUÉVETE

CONSEGUIDO: SÍ ☐ NO ☐

COMPROMISO PARA MAÑANA POR LA MAÑANA:

_____

_____

FASE N.º 2

5.20 H
5.40 H
REFLEXIONA

CONSEGUIDO: SÍ ☐ NO ☐

COMPROMISO PARA MAÑANA POR LA MAÑANA:

_____

_____

FASE N.º 3

5.40 H
6.00 H
CRECE

CONSEGUIDO: SÍ ☐ NO ☐

COMPROMISO PARA MAÑANA POR LA MAÑANA:

_____

_____

PRÁCTICA MATINAL
5 MICROOBJETIVOS PARA HOY:

1. _____
2. _____
3. _____
4. _____
5. _____

PRÁCTICA NOCTURNA
3 PEQUEÑAS VICTORIAS DE HOY:

1. _____
2. _____
3. _____

RITUAL PREVIO AL SUEÑO: SÍ ☐ NO ☐

«El éxito sin honor no es nada. La victoria sin decencia es un desperdicio».

- R O B I N   S H A R M A -

MI REFLEXIÓN DIARIA

—LA FÓRMULA 20/20/20—

FASE N.º 1

5.00 H
5.20 H
MUÉVETE

CONSEGUIDO: SÍ ☐   NO ☐

COMPROMISO PARA MAÑANA POR LA MAÑANA:

_____

_____

FASE N.º 2

5.20 H
5.40 H
REFLEXIONA

CONSEGUIDO: SÍ ☐   NO ☐

COMPROMISO PARA MAÑANA POR LA MAÑANA:

_____

_____

FASE N.º 3

5.40 H
6.00 H
CRECE

CONSEGUIDO: SÍ ☐   NO ☐

COMPROMISO PARA MAÑANA POR LA MAÑANA:

_____

_____

PRÁCTICA MATINAL
5 MICROOBJETIVOS PARA HOY:

1. _____
2. _____
3. _____
4. _____
5. _____

PRÁCTICA NOCTURNA
3 PEQUEÑAS VICTORIAS DE HOY:

1. _____
2. _____
3. _____

RITUAL PREVIO AL SUEÑO: SÍ ☐   NO ☐

«Tu vida es una autobiografía. Escribe una epopeya».

- R O B I N   S H A R M A -

MI REFLEXIÓN DIARIA

—LA FÓRMULA 20/20/20—

FASE N.º 1

5.00 H
5.20 H
MUÉVETE

CONSEGUIDO: SÍ ☐   NO ☐

COMPROMISO PARA MAÑANA POR LA MAÑANA:

_____

_____

FASE N.º 2

5.20 H
5.40 H
REFLEXIONA

CONSEGUIDO: SÍ ☐   NO ☐

COMPROMISO PARA MAÑANA POR LA MAÑANA:

_____

_____

FASE N.º 3

5.40 H
6.00 H
CRECE

CONSEGUIDO: SÍ ☐   NO ☐

COMPROMISO PARA MAÑANA POR LA MAÑANA:

_____

_____

PRÁCTICA MATINAL
5 MICROOBJETIVOS PARA HOY:

1. _____
2. _____
3. _____
4. _____
5. _____

PRÁCTICA NOCTURNA
3 PEQUEÑAS VICTORIAS DE HOY:

1. _____
2. _____
3. _____

RITUAL PREVIO AL SUEÑO: SÍ ☐   NO ☐

«Cuanto más tientes tus límites, más se expandirán».
- R O B I N   S H A R M A -

MI REFLEXIÓN DIARIA

REVISIÓN ESTRATÉGICA SEMANAL

¿QUÉ ME HA FUNCIONADO ESTA SEMANA?

¿QUÉ TENGO QUE MEJORAR?

¿QUÉ PUEDO CELEBRAR?

Para descargar el planificador semanal que utilizo para organizar
mis propias semanas, ve a: The5amClub.com/weeklyplanner

MIS 3 OBJETIVOS PERSONALES PRINCIPALES PARA LA SEMANA ENTRANTE:

(1) _____

(2) _____

(3) _____

MIS 3 OBJETIVOS LABORALES PRINCIPALES PARA LA SEMANA ENTRANTE:

(1) _____

(2) _____

(3) _____

OPTIMIZACIONES GENERALES PARA LA SEMANA ENTRANTE:

(1) _____

(2) _____

(3) _____

—LA FÓRMULA 20/20/20—

FASE N.º 1

5.00 H
5.20 H
MUÉVETE

CONSEGUIDO: SÍ ☐ NO ☐

COMPROMISO PARA MAÑANA POR LA MAÑANA:

_____

_____

FASE N.º 2

5.20 H
5.40 H
REFLEXIONA

CONSEGUIDO: SÍ ☐ NO ☐

COMPROMISO PARA MAÑANA POR LA MAÑANA:

_____

_____

FASE N.º 3

5.40 H
6.00 H
CRECE

CONSEGUIDO: SÍ ☐ NO ☐

COMPROMISO PARA MAÑANA POR LA MAÑANA:

_____

_____

PRÁCTICA MATINAL
5 MICROOBJETIVOS PARA HOY:

1. _____
2. _____
3. _____
4. _____
5. _____

PRÁCTICA NOCTURNA
3 PEQUEÑAS VICTORIAS DE HOY:

1. _____
2. _____
3. _____

RITUAL PREVIO AL SUEÑO: SÍ ☐ NO ☐

> «Las copias nunca cambian el mundo; la originalidad, sí».
> - R O B I N   S H A R M A -

MI REFLEXIÓN DIARIA

—LA FÓRMULA 20/20/20—

FASE N.º 1

5.00 H
5.20 H
MUÉVETE

CONSEGUIDO: SÍ ☐ NO☐

COMPROMISO PARA MAÑANA POR LA MAÑANA:

_____

_____

FASE N.º 2

5.20 H
5.40 H
REFLEXIONA

CONSEGUIDO: SÍ ☐ NO☐

COMPROMISO PARA MAÑANA POR LA MAÑANA:

_____

FASE N.º 3

5.40 H
6.00 H
CRECE

CONSEGUIDO: SÍ ☐ NO☐

COMPROMISO PARA MAÑANA POR LA MAÑANA:

_____

_____

PRÁCTICA MATINAL
5 MICROOBJETIVOS PARA HOY:

1. _____
2. _____
3. _____
4. _____
5. _____

PRÁCTICA NOCTURNA
3 PEQUEÑAS VICTORIAS DE HOY:

1. _____
2. _____
3. _____

RITUAL PREVIO AL SUEÑO: SÍ ☐ NO☐

«No importa por dónde empieces. Lo único que importa es que empieces».
- R O B I N   S H A R M A -

MI REFLEXIÓN DIARIA

CONSULTA DE DESEMPEÑO EN 30 DÍAS

RANGO:

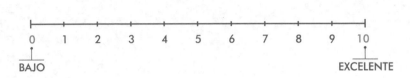

```
|---+---+---+---+---+---+---+---+---+---|
0   1   2   3   4   5   6   7   8   9   10
BAJO                                EXCELENTE
```

¿EN QUÉ ESTOY GANANDO?

_____
_____
_____
_____
_____
_____
_____
_____

MIS 3 VICTORIAS PRINCIPALES EN LOS ÚLTIMOS 30 DÍAS

① _____
_____

② _____
_____

③ _____
_____

MIS PRÓXIMOS 30 DÍAS IDEALES
EN UN DIBUJO

5 ACELERADORES DEL PROGRESO QUE HARÁN DE LOS PRÓXIMOS 30 DÍAS MIS MEJORES 30 DÍAS HASTA AHORA

1.

2.

3.

4.

5.

—LA FÓRMULA 20/20/20—

FASE N.º 1

5.00 H
5.20 H
MUÉVETE

CONSEGUIDO: SÍ ☐   NO ☐

COMPROMISO PARA MAÑANA POR LA MAÑANA:

_____

_____

FASE N.º 2

5.20 H
5.40 H
REFLEXIONA

CONSEGUIDO: SÍ ☐   NO ☐

COMPROMISO PARA MAÑANA POR LA MAÑANA:

_____

_____

FASE N.º 3

5.40 H
6.00 H
CRECE

CONSEGUIDO: SÍ ☐   NO ☐

COMPROMISO PARA MAÑANA POR LA MAÑANA:

_____

_____

PRÁCTICA MATINAL
5 MICROOBJETIVOS PARA HOY:

1. _____
2. _____
3. _____
4. _____
5. _____

PRÁCTICA NOCTURNA
3 PEQUEÑAS VICTORIAS DE HOY:

1. _____
2. _____
3. _____

RITUAL PREVIO AL SUEÑO: SÍ ☐   NO ☐

«La grandeza externa comienza en el interior».

- R O B I N   S H A R M A -

MI REFLEXIÓN DIARIA

—LA FÓRMULA 20/20/20—

FASE N.º 1

5.00 H
5.20 H
MUÉVETE

CONSEGUIDO: SÍ ☐   NO ☐

COMPROMISO PARA MAÑANA POR LA MAÑANA:

_____

_____

FASE N.º 2

5.20 H
5.40 H
REFLEXIONA

CONSEGUIDO: SÍ ☐   NO ☐

COMPROMISO PARA MAÑANA POR LA MAÑANA:

_____

FASE N.º 3

5.40 H
6.00 H
CRECE

CONSEGUIDO: SÍ ☐   NO ☐

COMPROMISO PARA MAÑANA POR LA MAÑANA:

_____

_____

PRÁCTICA MATINAL
5 MICROOBJETIVOS PARA HOY:

1. _____
2. _____
3. _____
4. _____
5. _____

PRÁCTICA NOCTURNA
3 PEQUEÑAS VICTORIAS DE HOY:

1. _____
2. _____
3. _____

RITUAL PREVIO AL SUEÑO: SÍ ☐   NO ☐

«La disciplina se fortalece mediante la realización constante de pequeños actos de valentía».

- R O B I N S H A R M A -

MI REFLEXIÓN DIARIA

—LA FÓRMULA 20/20/20—

FASE N.º 1

5.00 H
5.20 H
MUÉVETE

CONSEGUIDO: SÍ ☐ NO ☐

COMPROMISO PARA MAÑANA POR LA MAÑANA:

_____

_____

FASE N.º 2

5.20 H
5.40 H
REFLEXIONA

CONSEGUIDO: SÍ ☐ NO ☐

COMPROMISO PARA MAÑANA POR LA MAÑANA:

_____

_____

FASE N.º 3

5.40 H
6.00 H
CRECE

CONSEGUIDO: SÍ ☐ NO ☐

COMPROMISO PARA MAÑANA POR LA MAÑANA:

_____

_____

PRÁCTICA MATINAL
5 MICROOBJETIVOS PARA HOY:

1. _____
2. _____
3. _____
4. _____
5. _____

PRÁCTICA NOCTURNA
3 PEQUEÑAS VICTORIAS DE HOY:

1. _____
2. _____
3. _____

RITUAL PREVIO AL SUEÑO: SÍ ☐ NO ☐

«Llena tu mente de sueños tan grandes que no dejen espacio para actividades insignificantes».

-ROBIN SHARMA-

MI REFLEXIÓN DIARIA

—LA FÓRMULA 20/20/20—

FASE N.º 1

5.00 H
5.20 H
MUÉVETE

CONSEGUIDO: SÍ ☐ NO ☐

COMPROMISO PARA MAÑANA POR LA MAÑANA:

_____

_____

FASE N.º 2

5.20 H
5.40 H
REFLEXIONA

CONSEGUIDO: SÍ ☐ NO ☐

COMPROMISO PARA MAÑANA POR LA MAÑANA:

_____

_____

FASE N.º 3

5.40 H
6.00 H
CRECE

CONSEGUIDO: SÍ ☐ NO ☐

COMPROMISO PARA MAÑANA POR LA MAÑANA:

_____

_____

PRÁCTICA MATINAL
5 MICROOBJETIVOS PARA HOY:

1. _____
2. _____
3. _____
4. _____
5. _____

PRÁCTICA NOCTURNA
3 PEQUEÑAS VICTORIAS DE HOY:

1. _____
2. _____
3. _____

RITUAL PREVIO AL SUEÑO: SÍ ☐ NO ☐

«Todo pensamiento siembra la semilla de uno de tus actos.
Toda acción, buena o mala, conllevará una consecuencia.
La persona que da buenos pasos todos los días
no puede evitar cosechar unos resultados impresionantes».

- R O B I N   S H A R M A -

MI REFLEXIÓN DIARIA

—LA FÓRMULA 20/20/20—

FASE N.º 1

5.00 H
5.20 H
MUÉVETE

CONSEGUIDO: SÍ ☐   NO ☐

COMPROMISO PARA MAÑANA POR LA MAÑANA:

_____

_____

FASE N.º 2

5.20 H
5.40 H
REFLEXIONA

CONSEGUIDO: SÍ ☐   NO ☐

COMPROMISO PARA MAÑANA POR LA MAÑANA:

_____

_____

FASE N.º 3

5.40 H
6.00 H
CRECE

CONSEGUIDO: SÍ ☐   NO ☐

COMPROMISO PARA MAÑANA POR LA MAÑANA:

_____

_____

PRÁCTICA MATINAL
5 MICROOBJETIVOS PARA HOY:

1. _____
2. _____
3. _____
4. _____
5. _____

PRÁCTICA NOCTURNA
3 PEQUEÑAS VICTORIAS DE HOY:

1. _____
2. _____
3. _____

RITUAL PREVIO AL SUEÑO: SÍ ☐   NO ☐

«La grandeza adora a la gratitud».

- R O B I N   S H A R M A -

MI REFLEXIÓN DIARIA

REVISIÓN ESTRATÉGICA SEMANAL

¿QUÉ ME HA FUNCIONADO ESTA SEMANA?

¿QUÉ TENGO QUE MEJORAR?

¿QUÉ PUEDO CELEBRAR?

Para descargar el planificador semanal que utilizo para organizar
mis propias semanas, ve a: The5amClub.com/weeklyplanner

MIS 3 OBJETIVOS PERSONALES PRINCIPALES PARA LA SEMANA ENTRANTE:

(1) _____

_____

(2) _____

_____

(3) _____

_____

MIS 3 OBJETIVOS LABORALES PRINCIPALES PARA LA SEMANA ENTRANTE:

(1) _____

_____

(2) _____

_____

(3) _____

_____

OPTIMIZACIONES GENERALES PARA LA SEMANA ENTRANTE:

(1) _____

_____

(2) _____

_____

(3) _____

_____

CONTROLA TUS MAÑANAS 🛡 IMPULSA TU VIDA

—LA FÓRMULA 20/20/20—

FASE N.º 1

5.00 H
5.20 H
MUÉVETE

CONSEGUIDO: SÍ ☐   NO ☐

COMPROMISO PARA MAÑANA POR LA MAÑANA:

_____

_____

FASE N.º 2

5.20 H
5.40 H
REFLEXIONA

CONSEGUIDO: SÍ ☐   NO ☐

COMPROMISO PARA MAÑANA POR LA MAÑANA:

_____

_____

FASE N.º 3

5.40 H
6.00 H
CRECE

CONSEGUIDO: SÍ ☐   NO ☐

COMPROMISO PARA MAÑANA POR LA MAÑANA:

_____

_____

PRÁCTICA MATINAL
5 MICROOBJETIVOS PARA HOY:

1. _____
2. _____
3. _____
4. _____
5. _____

PRÁCTICA NOCTURNA
3 PEQUEÑAS VICTORIAS DE HOY:

1. _____
2. _____
3. _____

RITUAL PREVIO AL SUEÑO: SÍ ☐   NO ☐

«Si la gente no se ríe de tus sueños, no estás soñando
suficientemente a lo grande».

-ROBIN SHARMA-

MI REFLEXIÓN DIARIA

—LA FÓRMULA 20/20/20—

FASE N.º 1

5.00 H
5.20 H
MUÉVETE

CONSEGUIDO: SÍ ☐   NO ☐

COMPROMISO PARA MAÑANA POR LA MAÑANA:

_____

_____

FASE N.º 2

5.20 H
5.40 H
REFLEXIONA

CONSEGUIDO: SÍ ☐   NO ☐

COMPROMISO PARA MAÑANA POR LA MAÑANA:

_____

_____

FASE N.º 3

5.40 H
6.00 H
CRECE

CONSEGUIDO: SÍ ☐   NO ☐

COMPROMISO PARA MAÑANA POR LA MAÑANA:

_____

_____

PRÁCTICA MATINAL
5 MICROOBJETIVOS PARA HOY:

1. _____
2. _____
3. _____
4. _____
5. _____

PRÁCTICA NOCTURNA
3 PEQUEÑAS VICTORIAS DE HOY:

1. _____
2. _____
3. _____

RITUAL PREVIO AL SUEÑO: SÍ ☐   NO ☐

«Por favor, recuerda: lo asombroso lleva tiempo.
Y lo legendario requiere paciencia».

- R O B I N   S H A R M A -

MI REFLEXIÓN DIARIA

—LA FÓRMULA 20/20/20—

FASE N.º 1

5.00 H
5.20 H
MUÉVETE

CONSEGUIDO: SÍ ☐   NO ☐
COMPROMISO PARA MAÑANA POR LA MAÑANA:
_____
_____

FASE N.º 2

5.20 H
5.40 H
REFLEXIONA

CONSEGUIDO: SÍ ☐   NO ☐
COMPROMISO PARA MAÑANA POR LA MAÑANA:
_____
_____

FASE N.º 3

5.40 H
6.00 H
CRECE

CONSEGUIDO: SÍ ☐   NO ☐
COMPROMISO PARA MAÑANA POR LA MAÑANA:
_____
_____

PRÁCTICA MATINAL
5 MICROOBJETIVOS PARA HOY:

1. _____
2. _____
3. _____
4. _____
5. _____

PRÁCTICA NOCTURNA
3 PEQUEÑAS VICTORIAS DE HOY:

1. _____
2. _____
3. _____

RITUAL PREVIO AL SUEÑO: SÍ ☐   NO ☐

«El más humilde es el más grande. El que mejor escucha es la persona más poderosa de la estancia. El más desinteresado siempre gana».

- R O B I N   S H A R M A -

MI REFLEXIÓN DIARIA

—LA FÓRMULA 20/20/20—

FASE N.º 1

5.00 H
5.20 H
MUÉVETE

CONSEGUIDO: SÍ ☐ NO ☐

COMPROMISO PARA MAÑANA POR LA MAÑANA:

_____

_____

FASE N.º 2

5.20 H
5.40 H
REFLEXIONA

CONSEGUIDO: SÍ ☐ NO ☐

COMPROMISO PARA MAÑANA POR LA MAÑANA:

_____

_____

FASE N.º 3

5.40 H
6.00 H
CRECE

CONSEGUIDO: SÍ ☐ NO ☐

COMPROMISO PARA MAÑANA POR LA MAÑANA:

_____

_____

PRÁCTICA MATINAL
5 MICROOBJETIVOS PARA HOY:

1. _____
2. _____
3. _____
4. _____
5. _____

PRÁCTICA NOCTURNA
3 PEQUEÑAS VICTORIAS DE HOY:

1. _____
2. _____
3. _____

RITUAL PREVIO AL SUEÑO: SÍ ☐ NO ☐

«La vida es breve. Haz grandes cosas».

- R O B I N   S H A R M A -

MI REFLEXIÓN DIARIA

—LA FÓRMULA 20/20/20—

FASE N.º 1

5.00 H
5.20 H
MUÉVETE

CONSEGUIDO: SÍ ☐   NO ☐

COMPROMISO PARA MAÑANA POR LA MAÑANA:

_____

_____

FASE N.º 2

5.20 H
5.40 H
REFLEXIONA

CONSEGUIDO: SÍ ☐   NO ☐

COMPROMISO PARA MAÑANA POR LA MAÑANA:

_____

_____

FASE N.º 3

5.40 H
6.00 H
CRECE

CONSEGUIDO: SÍ ☐   NO ☐

COMPROMISO PARA MAÑANA POR LA MAÑANA:

_____

_____

PRÁCTICA MATINAL
5 MICROOBJETIVOS PARA HOY:

1. _____
2. _____
3. _____
4. _____
5. _____

PRÁCTICA NOCTURNA
3 PEQUEÑAS VICTORIAS DE HOY:

1. _____
2. _____
3. _____

RITUAL PREVIO AL SUEÑO: SÍ ☐   NO ☐

«El secreto de las personas con rendimientos épicos son sus rituales diarios».
- R O B I N   S H A R M A -

MI REFLEXIÓN DIARIA

—LA FÓRMULA 20/20/20—

FASE N.º 1

5.00 H
5.20 H
MUÉVETE

CONSEGUIDO: SÍ ☐   NO ☐

COMPROMISO PARA MAÑANA POR LA MAÑANA:

_____

_____

FASE N.º 2

5.20 H
5.40 H
REFLEXIONA

CONSEGUIDO: SÍ ☐   NO ☐

COMPROMISO PARA MAÑANA POR LA MAÑANA:

_____

_____

FASE N.º 3

5.40 H
6.00 H
CRECE

CONSEGUIDO: SÍ ☐   NO ☐

COMPROMISO PARA MAÑANA POR LA MAÑANA:

_____

_____

PRÁCTICA MATINAL
5 MICROOBJETIVOS PARA HOY:

1. _____
2. _____
3. _____
4. _____
5. _____

PRÁCTICA NOCTURNA
3 PEQUEÑAS VICTORIAS DE HOY:

1. _____
2. _____
3. _____

RITUAL PREVIO AL SUEÑO: SÍ ☐   NO ☐

«Hoy mismo puede ser el primer día de tu nueva vida».

- R O B I N   S H A R M A -

MI REFLEXIÓN DIARIA

—LA FÓRMULA 20/20/20—

FASE N.º 1

5.00 H
5.20 H
MUÉVETE

CONSEGUIDO: SÍ ☐ NO ☐

COMPROMISO PARA MAÑANA POR LA MAÑANA:

_____

FASE N.º 2

5.20 H
5.40 H
REFLEXIONA

CONSEGUIDO: SÍ ☐ NO ☐

COMPROMISO PARA MAÑANA POR LA MAÑANA:

_____

FASE N.º 3

5.40 H
6.00 H
CRECE

CONSEGUIDO: SÍ ☐ NO ☐

COMPROMISO PARA MAÑANA POR LA MAÑANA:

_____

PRÁCTICA MATINAL
5 MICROOBJETIVOS PARA HOY:

1. _____
2. _____
3. _____
4. _____
5. _____

PRÁCTICA NOCTURNA
3 PEQUEÑAS VICTORIAS DE HOY:

1. _____
2. _____
3. _____

RITUAL PREVIO AL SUEÑO: SÍ ☐ NO ☐

> «Liderar consiste en asegurarte de que tu agenda diaria
> refleje tus principales prioridades».
> - R O B I N   S H A R M A -

MI REFLEXIÓN DIARIA

REVISIÓN ESTRATÉGICA SEMANAL

¿QUÉ ME HA FUNCIONADO ESTA SEMANA?

¿QUÉ TENGO QUE MEJORAR?

¿QUÉ PUEDO CELEBRAR?

Para descargar el planificador semanal que utilizo para organizar
mis propias semanas, ve a: The5amClub.com/weeklyplanner

MIS 3 OBJETIVOS PERSONALES PRINCIPALES PARA LA SEMANA ENTRANTE:

① _____

② _____

③ _____

MIS 3 OBJETIVOS LABORALES PRINCIPALES PARA LA SEMANA ENTRANTE:

① _____

② _____

③ _____

OPTIMIZACIONES GENERALES PARA LA SEMANA ENTRANTE:

① _____

② _____

③ _____

CONTROLA TUS MAÑANAS 🂠 IMPULSA TU VIDA

—LA FÓRMULA 20/20/20—

FASE N.º 1

5.00 H
5.20 H
MUÉVETE

CONSEGUIDO: SÍ ☐   NO ☐

COMPROMISO PARA MAÑANA POR LA MAÑANA:

_____

_____

FASE N.º 2

5.20 H
5.40 H
REFLEXIONA

CONSEGUIDO: SÍ ☐   NO ☐

COMPROMISO PARA MAÑANA POR LA MAÑANA:

_____

_____

FASE N.º 3

5.40 H
6.00 H
CRECE

CONSEGUIDO: SÍ ☐   NO ☐

COMPROMISO PARA MAÑANA POR LA MAÑANA:

_____

_____

PRÁCTICA MATINAL
5 MICROOBJETIVOS PARA HOY:

1. _____
2. _____
3. _____
4. _____
5. _____

PRÁCTICA NOCTURNA
3 PEQUEÑAS VICTORIAS DE HOY:

1. _____
2. _____
3. _____

RITUAL PREVIO AL SUEÑO: SÍ ☐   NO ☐

«Puedes adoptar una actitud excepcional o poner excusas.
No puedes hacer ambas cosas».

- R O B I N   S H A R M A -

MI REFLEXIÓN DIARIA

—LA FÓRMULA 20/20/20—

FASE N.º 1

5.00 H
5.20 H
MUÉVETE

CONSEGUIDO: SÍ ☐ NO ☐

COMPROMISO PARA MAÑANA POR LA MAÑANA:

_____

_____

FASE N.º 2

5.20 H
5.40 H
REFLEXIONA

CONSEGUIDO: SÍ ☐ NO ☐

COMPROMISO PARA MAÑANA POR LA MAÑANA:

_____

FASE N.º 3

5.40 H
6.00 H
CRECE

CONSEGUIDO: SÍ ☐ NO ☐

COMPROMISO PARA MAÑANA POR LA MAÑANA:

_____

PRÁCTICA MATINAL
5 MICROOBJETIVOS PARA HOY:

1. _____
2. _____
3. _____
4. _____
5. _____

PRÁCTICA NOCTURNA
3 PEQUEÑAS VICTORIAS DE HOY:

1. _____
2. _____
3. _____

RITUAL PREVIO AL SUEÑO: SÍ ☐ NO ☐

«Tu vida en este momento es el resultado de tus pensamientos dominantes y tus actos cotidianos».

- R O B I N   S H A R M A -

MI REFLEXIÓN DIARIA

—LA FÓRMULA 20/20/20—

FASE N.º 1

5.00 H
5.20 H
MUÉVETE

CONSEGUIDO: SÍ ☐   NO ☐

COMPROMISO PARA MAÑANA POR LA MAÑANA:

_____

FASE N.º 2

5.20 H
5.40 H
REFLEXIONA

CONSEGUIDO: SÍ ☐   NO ☐

COMPROMISO PARA MAÑANA POR LA MAÑANA:

_____

FASE N.º 3

5.40 H
6.00 H
CRECE

CONSEGUIDO: SÍ ☐   NO ☐

COMPROMISO PARA MAÑANA POR LA MAÑANA:

_____

PRÁCTICA MATINAL
5 MICROOBJETIVOS PARA HOY:

1. _____
2. _____
3. _____
4. _____
5. _____

PRÁCTICA NOCTURNA
3 PEQUEÑAS VICTORIAS DE HOY:

1. _____
2. _____
3. _____

RITUAL PREVIO AL SUEÑO: SÍ ☐   NO ☐

«Ten el valor de serte fiel a ti mismo. Nada más».

-ROBIN SHARMA-

MI REFLEXIÓN DIARIA

—LA FÓRMULA 20/20/20—

FASE N.º 1

5.00 H
5.20 H
MUÉVETE

CONSEGUIDO: SÍ ☐   NO ☐

COMPROMISO PARA MAÑANA POR LA MAÑANA:

_____

_____

FASE N.º 2

5.20 H
5.40 H
REFLEXIONA

CONSEGUIDO: SÍ ☐   NO ☐

COMPROMISO PARA MAÑANA POR LA MAÑANA:

_____

_____

FASE N.º 3

5.40 H
6.00 H
CRECE

CONSEGUIDO: SÍ ☐   NO ☐

COMPROMISO PARA MAÑANA POR LA MAÑANA:

_____

_____

PRÁCTICA MATINAL
5 MICROOBJETIVOS PARA HOY:

1. _____
2. _____
3. _____
4. _____
5. _____

PRÁCTICA NOCTURNA
3 PEQUEÑAS VICTORIAS DE HOY:

1. _____
2. _____
3. _____

RITUAL PREVIO AL SUEÑO: SÍ ☐   NO ☐

«Tus hábitos determinan tu rendimiento.
Tus rituales producen tus resultados».

- R O B I N   S H A R M A -

MI REFLEXIÓN DIARIA

—LA FÓRMULA 20/20/20—

FASE N.º 1

5.00 H
5.20 H
MUÉVETE

CONSEGUIDO: SÍ ☐ NO ☐

COMPROMISO PARA MAÑANA POR LA MAÑANA:

_____

_____

FASE N.º 2

5.20 H
5.40 H
REFLEXIONA

CONSEGUIDO: SÍ ☐ NO ☐

COMPROMISO PARA MAÑANA POR LA MAÑANA:

_____

FASE N.º 3

5.40 H
6.00 H
CRECE

CONSEGUIDO: SÍ ☐ NO ☐

COMPROMISO PARA MAÑANA POR LA MAÑANA:

_____

_____

PRÁCTICA MATINAL
5 MICROOBJETIVOS PARA HOY:

1. _____
2. _____
3. _____
4. _____
5. _____

PRÁCTICA NOCTURNA
3 PEQUEÑAS VICTORIAS DE HOY:

1. _____
2. _____
3. _____

RITUAL PREVIO AL SUEÑO: SÍ ☐ NO ☐

«Optimiza lo básico. La complejidad destruye la excelencia».

-ROBIN SHARMA-

MI REFLEXIÓN DIARIA

—LA FÓRMULA 20/20/20—

FASE N.º 1

5.00 H
5.20 H
MUÉVETE

CONSEGUIDO: SÍ ☐   NO ☐

COMPROMISO PARA MAÑANA POR LA MAÑANA:

_____

_____

FASE N.º 2

5.20 H
5.40 H
REFLEXIONA

CONSEGUIDO: SÍ ☐   NO ☐

COMPROMISO PARA MAÑANA POR LA MAÑANA:

_____

_____

FASE N.º 3

5.40 H
6.00 H
CRECE

CONSEGUIDO: SÍ ☐   NO ☐

COMPROMISO PARA MAÑANA POR LA MAÑANA:

_____

_____

PRÁCTICA MATINAL
5 MICROOBJETIVOS PARA HOY:

1. _____
2. _____
3. _____
4. _____
5. _____

PRÁCTICA NOCTURNA
3 PEQUEÑAS VICTORIAS DE HOY:

1. _____
2. _____
3. _____

RITUAL PREVIO AL SUEÑO: SÍ ☐   NO ☐

«El mercado recompensa la superioridad. La gente siempre paga por lo mejor».

- R O B I N S H A R M A -

MI REFLEXIÓN DIARIA

—LA FÓRMULA 20/20/20—

FASE N.º 1

5.00 H
5.20 H
MUÉVETE

CONSEGUIDO: SÍ ☐ NO ☐

COMPROMISO PARA MAÑANA POR LA MAÑANA:

_____

_____

FASE N.º 2

5.20 H
5.40 H
REFLEXIONA

CONSEGUIDO: SÍ ☐ NO ☐

COMPROMISO PARA MAÑANA POR LA MAÑANA:

_____

_____

FASE N.º 3

5.40 H
6.00 H
CRECE

CONSEGUIDO: SÍ ☐ NO ☐

COMPROMISO PARA MAÑANA POR LA MAÑANA:

_____

_____

PRÁCTICA MATINAL
5 MICROOBJETIVOS PARA HOY:

1. _____
2. _____
3. _____
4. _____
5. _____

PRÁCTICA NOCTURNA
3 PEQUEÑAS VICTORIAS DE HOY:

1. _____
2. _____
3. _____

RITUAL PREVIO AL SUEÑO: SÍ ☐ NO ☐

> «Tus resultados dependen de tu entrega.
> Tu rendimiento pone de manifiesto tu práctica».
> - R O B I N   S H A R M A -

MI REFLEXIÓN DIARIA

REVISIÓN ESTRATÉGICA SEMANAL

¿QUÉ ME HA FUNCIONADO ESTA SEMANA?

¿QUÉ TENGO QUE MEJORAR?

¿QUÉ PUEDO CELEBRAR?

Para descargar el planificador semanal que utilizo para organizar
mis propias semanas, ve a: The5amClub.com/weeklyplanner

MIS 3 OBJETIVOS PERSONALES PRINCIPALES PARA LA SEMANA ENTRANTE:

① _____
_____
② _____
_____
③ _____
_____

MIS 3 OBJETIVOS LABORALES PRINCIPALES PARA LA SEMANA ENTRANTE:

① _____
_____
② _____
_____
③ _____
_____

OPTIMIZACIONES GENERALES PARA LA SEMANA ENTRANTE:

① _____
_____
② _____
_____
③ _____
_____

CONTROLA TUS MAÑANAS IMPULSA TU VIDA

—LA FÓRMULA 20/20/20—

FASE N.º 1

5.00 H
5.20 H
MUÉVETE

CONSEGUIDO: SÍ ☐   NO ☐

COMPROMISO PARA MAÑANA POR LA MAÑANA:

_____

_____

FASE N.º 2

5.20 H
5.40 H
REFLEXIONA

CONSEGUIDO: SÍ ☐   NO ☐

COMPROMISO PARA MAÑANA POR LA MAÑANA:

_____

_____

FASE N.º 3

5.40 H
6.00 H
CRECE

CONSEGUIDO: SÍ ☐   NO ☐

COMPROMISO PARA MAÑANA POR LA MAÑANA:

_____

_____

PRÁCTICA MATINAL
5 MICROOBJETIVOS PARA HOY:

1. _____
2. _____
3. _____
4. _____
5. _____

PRÁCTICA NOCTURNA
3 PEQUEÑAS VICTORIAS DE HOY:

1. _____
2. _____
3. _____

RITUAL PREVIO AL SUEÑO: SÍ ☐   NO ☐

«Sé tan bueno en lo que haces que no podamos apartar la vista de ti».

- R O B I N   S H A R M A -

MI REFLEXIÓN DIARIA

—LA FÓRMULA 20/20/20—

FASE N.º 1

5.00 H
5.20 H
MUÉVETE

CONSEGUIDO: SÍ ☐   NO ☐

COMPROMISO PARA MAÑANA POR LA MAÑANA:

_____

_____

FASE N.º 2

5.20 H
5.40 H
REFLEXIONA

CONSEGUIDO: SÍ ☐   NO ☐

COMPROMISO PARA MAÑANA POR LA MAÑANA:

_____

_____

FASE N.º 3

5.40 H
6.00 H
CRECE

CONSEGUIDO: SÍ ☐   NO ☐

COMPROMISO PARA MAÑANA POR LA MAÑANA:

_____

_____

PRÁCTICA MATINAL
5 MICROOBJETIVOS PARA HOY:

1. _____
2. _____
3. _____
4. _____
5. _____

PRÁCTICA NOCTURNA
3 PEQUEÑAS VICTORIAS DE HOY:

1. _____
2. _____
3. _____

RITUAL PREVIO AL SUEÑO: SÍ ☐   NO ☐

«Aporta un valor increíble de forma instintiva a una cantidad enorme de personas. Quien más ayuda gana».

- R O B I N   S H A R M A -

MI REFLEXIÓN DIARIA

—LA FÓRMULA 20/20/20—

FASE N.º 1

5.00 H
5.20 H
MUÉVETE

CONSEGUIDO: SÍ ☐ NO ☐

COMPROMISO PARA MAÑANA POR LA MAÑANA:

_____

_____

FASE N.º 2

5.20 H
5.40 H
REFLEXIONA

CONSEGUIDO: SÍ ☐ NO ☐

COMPROMISO PARA MAÑANA POR LA MAÑANA:

_____

_____

FASE N.º 3

5.40 H
6.00 H
CRECE

CONSEGUIDO: SÍ ☐ NO ☐

COMPROMISO PARA MAÑANA POR LA MAÑANA:

_____

PRÁCTICA MATINAL
5 MICROOBJETIVOS PARA HOY:

1. _____
2. _____
3. _____
4. _____
5. _____

PRÁCTICA NOCTURNA
3 PEQUEÑAS VICTORIAS DE HOY:

1. _____
2. _____
3. _____

RITUAL PREVIO AL SUEÑO: SÍ ☐ NO ☐

«Las excusas no erigen monumentos. La acción, sí».

-ROBIN SHARMA-

MI REFLEXIÓN DIARIA

—LA FÓRMULA 20/20/20—

FASE N.º 1

5.00 H
5.20 H
MUÉVETE

CONSEGUIDO: SÍ ☐   NO ☐

COMPROMISO PARA MAÑANA POR LA MAÑANA:

_____

_____

FASE N.º 2

5.20 H
5.40 H
REFLEXIONA

CONSEGUIDO: SÍ ☐   NO ☐

COMPROMISO PARA MAÑANA POR LA MAÑANA:

_____

_____

FASE N.º 3

5.40 H
6.00 H
CRECE

CONSEGUIDO: SÍ ☐   NO ☐

COMPROMISO PARA MAÑANA POR LA MAÑANA:

_____

_____

PRÁCTICA MATINAL
5 MICROOBJETIVOS PARA HOY:

1. _____
2. _____
3. _____
4. _____
5. _____

PRÁCTICA NOCTURNA
3 PEQUEÑAS VICTORIAS DE HOY:

1. _____
2. _____
3. _____

RITUAL PREVIO AL SUEÑO: SÍ ☐   NO ☐

> «La gran victoria del éxito consiste en permanecer leal
> a la visión más magnífica de tu vida».
> – ROBIN SHARMA –

MI REFLEXIÓN DIARIA

—LA FÓRMULA 20/20/20—

FASE N.º 1

5.00 H
5.20 H
MUÉVETE

CONSEGUIDO: SÍ ☐   NO ☐

COMPROMISO PARA MAÑANA POR LA MAÑANA:

_____

_____

FASE N.º 2

5.20 H
5.40 H
REFLEXIONA

CONSEGUIDO: SÍ ☐   NO ☐

COMPROMISO PARA MAÑANA POR LA MAÑANA:

_____

_____

FASE N.º 3

5.40 H
6.00 H
CRECE

CONSEGUIDO: SÍ ☐   NO ☐

COMPROMISO PARA MAÑANA POR LA MAÑANA:

_____

_____

PRÁCTICA MATINAL
5 MICROOBJETIVOS PARA HOY:

1. _____
2. _____
3. _____
4. _____
5. _____

PRÁCTICA NOCTURNA
3 PEQUEÑAS VICTORIAS DE HOY:

1. _____
2. _____
3. _____

RITUAL PREVIO AL SUEÑO: SÍ ☐   NO ☐

«Cuanto más creces, más puedes ver.
Cuanto más sabes, más puedes alcanzar».

— ROBIN SHARMA —

MI REFLEXIÓN DIARIA

—LA FÓRMULA 20/20/20—

FASE N.º 1

5.00 H
5.20 H
MUÉVETE

CONSEGUIDO: SÍ ☐   NO ☐

COMPROMISO PARA MAÑANA POR LA MAÑANA:

_____

_____

FASE N.º 2

5.20 H
5.40 H
REFLEXIONA

CONSEGUIDO: SÍ ☐   NO ☐

COMPROMISO PARA MAÑANA POR LA MAÑANA:

_____

_____

FASE N.º 3

5.40 H
6.00 H
CRECE

CONSEGUIDO: SÍ ☐   NO ☐

COMPROMISO PARA MAÑANA POR LA MAÑANA:

_____

_____

PRÁCTICA MATINAL
5 MICROOBJETIVOS PARA HOY:

1. _____
2. _____
3. _____
4. _____
5. _____

PRÁCTICA NOCTURNA
3 PEQUEÑAS VICTORIAS DE HOY:

1. _____
2. _____
3. _____

RITUAL PREVIO AL SUEÑO: SÍ ☐   NO ☐

«Las ideas no funcionan sin un trabajo que las respalde».

-ROBIN SHARMA-

MI REFLEXIÓN DIARIA

—LA FÓRMULA 20/20/20—

FASE N.º 1

5.00 H
5.20 H
MUÉVETE

CONSEGUIDO: SÍ ☐ NO ☐

COMPROMISO PARA MAÑANA POR LA MAÑANA:

_____

FASE N.º 2

5.20 H
5.40 H
REFLEXIONA

CONSEGUIDO: SÍ ☐ NO ☐

COMPROMISO PARA MAÑANA POR LA MAÑANA:

_____

FASE N.º 3

5.40 H
6.00 H
CRECE

CONSEGUIDO: SÍ ☐ NO ☐

COMPROMISO PARA MAÑANA POR LA MAÑANA:

_____

PRÁCTICA MATINAL
5 MICROOBJETIVOS PARA HOY:

1. _____
2. _____
3. _____
4. _____
5. _____

PRÁCTICA NOCTURNA
3 PEQUEÑAS VICTORIAS DE HOY:

1. _____
2. _____
3. _____

RITUAL PREVIO AL SUEÑO: SÍ ☐ NO ☐

«No pasa nada hasta que te mueves».
- R O B I N   S H A R M A -

MI REFLEXIÓN DIARIA

REVISIÓN ESTRATÉGICA SEMANAL

¿QUÉ ME HA FUNCIONADO ESTA SEMANA?

¿QUÉ TENGO QUE MEJORAR?

¿QUÉ PUEDO CELEBRAR?

Para descargar el planificador semanal que utilizo para organizar
mis propias semanas, ve a: The5amClub.com/weeklyplanner

MIS 3 OBJETIVOS PERSONALES PRINCIPALES PARA LA SEMANA ENTRANTE:

1.

2.

3.

MIS 3 OBJETIVOS LABORALES PRINCIPALES PARA LA SEMANA ENTRANTE:

1.

2.

3.

OPTIMIZACIONES GENERALES PARA LA SEMANA ENTRANTE:

1.

2.

3.

—LA FÓRMULA 20/20/20—

FASE N.º 1

5.00 H
5.20 H
MUÉVETE

CONSEGUIDO: SÍ ☐ NO ☐

COMPROMISO PARA MAÑANA POR LA MAÑANA:

_____

_____

FASE N.º 2

5.20 H
5.40 H
REFLEXIONA

CONSEGUIDO: SÍ ☐ NO ☐

COMPROMISO PARA MAÑANA POR LA MAÑANA:

_____

_____

FASE N.º 3

5.40 H
6.00 H
CRECE

CONSEGUIDO: SÍ ☐ NO ☐

COMPROMISO PARA MAÑANA POR LA MAÑANA:

_____

_____

PRÁCTICA MATINAL
5 MICROOBJETIVOS PARA HOY:

1. _____
2. _____
3. _____
4. _____
5. _____

PRÁCTICA NOCTURNA
3 PEQUEÑAS VICTORIAS DE HOY:

1. _____
2. _____
3. _____

RITUAL PREVIO AL SUEÑO: SÍ ☐ NO ☐

«Detrás de cada excusa yace un temor. Practica la audacia».
- R O B I N   S H A R M A -

MI REFLEXIÓN DIARIA

—LA FÓRMULA 20/20/20—

FASE N.º 1

5.00 H
5.20 H
MUÉVETE

CONSEGUIDO: SÍ ☐ NO ☐

COMPROMISO PARA MAÑANA POR LA MAÑANA:

_____

_____

FASE N.º 2

5.20 H
5.40 H
REFLEXIONA

CONSEGUIDO: SÍ ☐ NO ☐

COMPROMISO PARA MAÑANA POR LA MAÑANA:

_____

_____

FASE N.º 3

5.40 H
6.00 H
CRECE

CONSEGUIDO: SÍ ☐ NO ☐

COMPROMISO PARA MAÑANA POR LA MAÑANA:

_____

_____

PRÁCTICA MATINAL
5 MICROOBJETIVOS PARA HOY:

1. _____
2. _____
3. _____
4. _____
5. _____

PRÁCTICA NOCTURNA
3 PEQUEÑAS VICTORIAS DE HOY:

1. _____
2. _____
3. _____

RITUAL PREVIO AL SUEÑO: SÍ ☐ NO ☐

«A veces serás la única persona que crea en tu sueño.
No dejes de creer. El mundo necesita tomarte como modelo
de lo que es posible para el resto de nosotros».

-ROBIN SHARMA-

MI REFLEXIÓN DIARIA

—LA FÓRMULA 20/20/20—

FASE N.º 1

5.00 H
5.20 H
MUÉVETE

CONSEGUIDO: SÍ ☐   NO ☐

COMPROMISO PARA MAÑANA POR LA MAÑANA:

_____

_____

FASE N.º 2

5.20 H
5.40 H
REFLEXIONA

CONSEGUIDO: SÍ ☐   NO ☐

COMPROMISO PARA MAÑANA POR LA MAÑANA:

_____

_____

FASE N.º 3

5.40 H
6.00 H
CRECE

CONSEGUIDO: SÍ ☐   NO ☐

COMPROMISO PARA MAÑANA POR LA MAÑANA:

_____

_____

PRÁCTICA MATINAL
5 MICROOBJETIVOS PARA HOY:

1. _____
2. _____
3. _____
4. _____
5. _____

PRÁCTICA NOCTURNA
3 PEQUEÑAS VICTORIAS DE HOY:

1. _____
2. _____
3. _____

RITUAL PREVIO AL SUEÑO: SÍ ☐   NO ☐

«Aprende a dominar el tiempo».
- R O B I N   S H A R M A -

MI REFLEXIÓN DIARIA

—LA FÓRMULA 20/20/20—

FASE N.º 1

5.00 H
5.20 H
MUÉVETE

CONSEGUIDO: SÍ ☐ NO ☐

COMPROMISO PARA MAÑANA POR LA MAÑANA:

_____

_____

FASE N.º 2

5.20 H
5.40 H
REFLEXIONA

CONSEGUIDO: SÍ ☐ NO ☐

COMPROMISO PARA MAÑANA POR LA MAÑANA:

_____

FASE N.º 3

5.40 H
6.00 H
CRECE

CONSEGUIDO: SÍ ☐ NO ☐

COMPROMISO PARA MAÑANA POR LA MAÑANA:

_____

PRÁCTICA MATINAL
5 MICROOBJETIVOS PARA HOY:

1. _____
2. _____
3. _____
4. _____
5. _____

PRÁCTICA NOCTURNA
3 PEQUEÑAS VICTORIAS DE HOY:

1. _____
2. _____
3. _____

RITUAL PREVIO AL SUEÑO: SÍ ☐ NO ☐

«Cada minuto que pasas preocupado por "cómo eran las cosas" es un momento robado a "cómo pueden ser las cosas"».

- R O B I N   S H A R M A -

MI REFLEXIÓN DIARIA

CONSULTA DE DESEMPEÑO EN 30 DÍAS

RANGO:

```
├──┼──┼──┼──┼──┼──┼──┼──┼──┼──┤
0   1   2   3   4   5   6   7   8   9   10
│                                        │
BAJO                              EXCELENTE
```

¿EN QUÉ ESTOY GANANDO?

MIS 3 VICTORIAS PRINCIPALES EN LOS ÚLTIMOS 30 DÍAS

① _____

② _____

③ _____

CONTROLA TUS MAÑANAS ♥ IMPULSA TU VIDA

MIS PRÓXIMOS 30 DÍAS IDEALES
EN UN DIBUJO

5 ACELERADORES DEL PROGRESO QUE HARÁN DE LOS PRÓXIMOS 30 DÍAS MIS MEJORES 30 DÍAS HASTA AHORA

1.

2.

3.

4.

5.

—LA FÓRMULA 20/20/20—

FASE N.º 1

5.00 H
5.20 H
MUÉVETE

CONSEGUIDO: SÍ ☐   NO ☐

COMPROMISO PARA MAÑANA POR LA MAÑANA:

_____

_____

FASE N.º 2

5.20 H
5.40 H
REFLEXIONA

CONSEGUIDO: SÍ ☐   NO ☐

COMPROMISO PARA MAÑANA POR LA MAÑANA:

_____

FASE N.º 3

5.40 H
6.00 H
CRECE

CONSEGUIDO: SÍ ☐   NO ☐

COMPROMISO PARA MAÑANA POR LA MAÑANA:

_____

_____

PRÁCTICA MATINAL
5 MICROOBJETIVOS PARA HOY:

1. _____
2. _____
3. _____
4. _____
5. _____

PRÁCTICA NOCTURNA
3 PEQUEÑAS VICTORIAS DE HOY:

1. _____
2. _____
3. _____

RITUAL PREVIO AL SUEÑO: SÍ ☐   NO ☐

«Declara la guerra a la debilidad y lanza una campaña contra el miedo».

-ROBIN SHARMA-

MI REFLEXIÓN DIARIA

—LA FÓRMULA 20/20/20—

FASE N.º 1

5.00 H
5.20 H
MUÉVETE

CONSEGUIDO: SÍ ☐ NO ☐

COMPROMISO PARA MAÑANA POR LA MAÑANA:

_____

_____

FASE N.º 2

5.20 H
5.40 H
REFLEXIONA

CONSEGUIDO: SÍ ☐ NO ☐

COMPROMISO PARA MAÑANA POR LA MAÑANA:

_____

FASE N.º 3

5.40 H
6.00 H
CRECE

CONSEGUIDO: SÍ ☐ NO ☐

COMPROMISO PARA MAÑANA POR LA MAÑANA:

_____

PRÁCTICA MATINAL
5 MICROOBJETIVOS PARA HOY:

1. _____
2. _____
3. _____
4. _____
5. _____

PRÁCTICA NOCTURNA
3 PEQUEÑAS VICTORIAS DE HOY:

1. _____
2. _____
3. _____

RITUAL PREVIO AL SUEÑO: SÍ ☐ NO ☐

«Llevar un diario es meditar sobre el papel».

-ROBIN SHARMA-

MI REFLEXIÓN DIARIA

—LA FÓRMULA 20/20/20—

FASE N.º 1

5.00 H
5.20 H
MUÉVETE

CONSEGUIDO: SÍ ☐ NO☐

COMPROMISO PARA MAÑANA POR LA MAÑANA:

_____

FASE N.º 2

5.20 H
5.40 H
REFLEXIONA

CONSEGUIDO: SÍ ☐ NO☐

COMPROMISO PARA MAÑANA POR LA MAÑANA:

_____

FASE N.º 3

5.40 H
6.00 H
CRECE

CONSEGUIDO: SÍ ☐ NO☐

COMPROMISO PARA MAÑANA POR LA MAÑANA:

_____

PRÁCTICA MATINAL
5 MICROOBJETIVOS PARA HOY:

1. _____
2. _____
3. _____
4. _____
5. _____

PRÁCTICA NOCTURNA
3 PEQUEÑAS VICTORIAS DE HOY:

1. _____
2. _____
3. _____

RITUAL PREVIO AL SUEÑO: SÍ ☐ NO☐

«El fracaso estimula el éxito. Si así lo decides».

- R O B I N   S H A R M A -

MI REFLEXIÓN DIARIA

REVISIÓN ESTRATÉGICA SEMANAL

¿QUÉ ME HA FUNCIONADO ESTA SEMANA?

¿QUÉ TENGO QUE MEJORAR?

¿QUÉ PUEDO CELEBRAR?

Para descargar el planificador semanal que utilizo para organizar
mis propias semanas, ve a: The5amClub.com/weeklyplanner

MIS 3 OBJETIVOS PERSONALES PRINCIPALES
PARA LA SEMANA ENTRANTE:

① _____

② _____

③ _____

MIS 3 OBJETIVOS LABORALES PRINCIPALES
PARA LA SEMANA ENTRANTE:

① _____

② _____

③ _____

OPTIMIZACIONES GENERALES
PARA LA SEMANA ENTRANTE:

① _____

② _____

③ _____

—LA FÓRMULA 20/20/20—

FASE N.º 1

5.00 H
5.20 H
MUÉVETE

CONSEGUIDO: SÍ ☐ NO ☐

COMPROMISO PARA MAÑANA POR LA MAÑANA:

_____

_____

FASE N.º 2

5.20 H
5.40 H
REFLEXIONA

CONSEGUIDO: SÍ ☐ NO ☐

COMPROMISO PARA MAÑANA POR LA MAÑANA:

_____

_____

FASE N.º 3

5.40 H
6.00 H
CRECE

CONSEGUIDO: SÍ ☐ NO ☐

COMPROMISO PARA MAÑANA POR LA MAÑANA:

_____

_____

PRÁCTICA MATINAL
5 MICROOBJETIVOS PARA HOY:

1. _____
2. _____
3. _____
4. _____
5. _____

PRÁCTICA NOCTURNA
3 PEQUEÑAS VICTORIAS DE HOY:

1. _____
2. _____
3. _____

RITUAL PREVIO AL SUEÑO: SÍ ☐ NO ☐

«Los celos son el precio de la ambición. Los obstáculos, el coste de la grandeza».

-ROBIN SHARMA-

MI REFLEXIÓN DIARIA

—LA FÓRMULA 20/20/20—

FASE N.º 1

5.00 H
5.20 H
MUÉVETE

CONSEGUIDO: SÍ ☐ NO ☐

COMPROMISO PARA MAÑANA POR LA MAÑANA:

_____

_____

FASE N.º 2

5.20 H
5.40 H
REFLEXIONA

CONSEGUIDO: SÍ ☐ NO ☐

COMPROMISO PARA MAÑANA POR LA MAÑANA:

_____

_____

FASE N.º 3

5.40 H
6.00 H
CRECE

CONSEGUIDO: SÍ ☐ NO ☐

COMPROMISO PARA MAÑANA POR LA MAÑANA:

_____

_____

PRÁCTICA MATINAL
5 MICROOBJETIVOS PARA HOY:

1. _____
2. _____
3. _____
4. _____
5. _____

PRÁCTICA NOCTURNA
3 PEQUEÑAS VICTORIAS DE HOY:

1. _____
2. _____
3. _____

RITUAL PREVIO AL SUEÑO: SÍ ☐ NO ☐

«Tu forma de empezar el día determina lo bien que lo vives».

- R O B I N   S H A R M A -

MI REFLEXIÓN DIARIA

—LA FÓRMULA 20/20/20—

FASE N.º 1

5.00 H
5.20 H
MUÉVETE

CONSEGUIDO: SÍ ☐ NO ☐

COMPROMISO PARA MAÑANA POR LA MAÑANA:

_____

_____

FASE N.º 2

5.20 H
5.40 H
REFLEXIONA

CONSEGUIDO: SÍ ☐ NO ☐

COMPROMISO PARA MAÑANA POR LA MAÑANA:

_____

_____

FASE N.º 3

5.40 H
6.00 H
CRECE

CONSEGUIDO: SÍ ☐ NO ☐

COMPROMISO PARA MAÑANA POR LA MAÑANA:

_____

_____

PRÁCTICA MATINAL
5 MICROOBJETIVOS PARA HOY:

1. _____
2. _____
3. _____
4. _____
5. _____

PRÁCTICA NOCTURNA
3 PEQUEÑAS VICTORIAS DE HOY:

1. _____
2. _____
3. _____

RITUAL PREVIO AL SUEÑO: SÍ ☐ NO ☐

«Deja de conformarte con "bastante bueno". Te mereces lo mejor».

- R O B I N   S H A R M A -

MI REFLEXIÓN DIARIA

—LA FÓRMULA 20/20/20—

FASE N.º 1

5.00 H
5.20 H
MUÉVETE

CONSEGUIDO: SÍ ☐   NO ☐

COMPROMISO PARA MAÑANA POR LA MAÑANA:

_____

_____

FASE N.º 2

5.20 H
5.40 H
REFLEXIONA

CONSEGUIDO: SÍ ☐   NO ☐

COMPROMISO PARA MAÑANA POR LA MAÑANA:

_____

_____

FASE N.º 3

5.40 H
6.00 H
CRECE

CONSEGUIDO: SÍ ☐   NO ☐

COMPROMISO PARA MAÑANA POR LA MAÑANA:

_____

_____

PRÁCTICA MATINAL
5 MICROOBJETIVOS PARA HOY:

1. _____
2. _____
3. _____
4. _____
5. _____

PRÁCTICA NOCTURNA
3 PEQUEÑAS VICTORIAS DE HOY:

1. _____
2. _____
3. _____

RITUAL PREVIO AL SUEÑO: SÍ ☐   NO ☐

«La sencillez constituye la piedra angular de la genialidad».
- R O B I N S H A R M A -

MI REFLEXIÓN DIARIA

—LA FÓRMULA 20/20/20—

FASE N.º 1

5.00 H
5.20 H
MUÉVETE

CONSEGUIDO: SÍ ☐ NO ☐

COMPROMISO PARA MAÑANA POR LA MAÑANA:

_____

_____

FASE N.º 2

5.20 H
5.40 H
REFLEXIONA

CONSEGUIDO: SÍ ☐ NO ☐

COMPROMISO PARA MAÑANA POR LA MAÑANA:

_____

_____

FASE N.º 3

5.40 H
6.00 H
CRECE

CONSEGUIDO: SÍ ☐ NO ☐

COMPROMISO PARA MAÑANA POR LA MAÑANA:

_____

_____

PRÁCTICA MATINAL
5 MICROOBJETIVOS PARA HOY:

1. _____
2. _____
3. _____
4. _____
5. _____

PRÁCTICA NOCTURNA
3 PEQUEÑAS VICTORIAS DE HOY:

1. _____
2. _____
3. _____

RITUAL PREVIO AL SUEÑO: SÍ ☐ NO ☐

«Nunca dejes pasar una oportunidad de ser amable».
- R O B I N S H A R M A -

MI REFLEXIÓN DIARIA

—LA FÓRMULA 20/20/20—

FASE N.º 1

5.00 H
5.20 H
MUÉVETE

CONSEGUIDO: SÍ ☐ NO ☐

COMPROMISO PARA MAÑANA POR LA MAÑANA:

_____

_____

FASE N.º 2

5.20 H
5.40 H
REFLEXIONA

CONSEGUIDO: SÍ ☐ NO ☐

COMPROMISO PARA MAÑANA POR LA MAÑANA:

_____

_____

FASE N.º 3

5.40 H
6.00 H
CRECE

CONSEGUIDO: SÍ ☐ NO ☐

COMPROMISO PARA MAÑANA POR LA MAÑANA:

_____

_____

PRÁCTICA MATINAL
5 MICROOBJETIVOS PARA HOY:

1. _____
2. _____
3. _____
4. _____
5. _____

PRÁCTICA NOCTURNA
3 PEQUEÑAS VICTORIAS DE HOY:

1. _____
2. _____
3. _____

RITUAL PREVIO AL SUEÑO: SÍ ☐ NO ☐

«La verdad es que cada reto al que te has enfrentado, cada persona tóxica con la que te has cruzado y todas las dificultades que has sobrellevado han sido la preparación perfecta para convertirte en la persona que eres ahora».

– ROBIN SHARMA –

MI REFLEXIÓN DIARIA

—LA FÓRMULA 20/20/20—

FASE N.º 1

5.00 H
5.20 H
MUÉVETE

CONSEGUIDO:　　SÍ ☐　NO ☐

COMPROMISO PARA MAÑANA POR LA MAÑANA:

_____

_____

FASE N.º 2

5.20 H
5.40 H
REFLEXIONA

CONSEGUIDO:　　SÍ ☐　NO ☐

COMPROMISO PARA MAÑANA POR LA MAÑANA:

_____

FASE N.º 3

5.40 H
6.00 H
CRECE

CONSEGUIDO:　　SÍ ☐　NO ☐

COMPROMISO PARA MAÑANA POR LA MAÑANA:

_____

PRÁCTICA MATINAL
5 MICROOBJETIVOS PARA HOY:

1. _____
2. _____
3. _____
4. _____
5. _____

PRÁCTICA NOCTURNA
3 PEQUEÑAS VICTORIAS DE HOY:

1. _____
2. _____
3. _____

RITUAL PREVIO AL SUEÑO:　SÍ ☐　NO ☐

«Has sido creado para llevar a cabo proyectos de la categoría de una obra maestra, diseñado para realizar actividades importantes y construido para ser una fuerza del bien en este pequeño planeta».

- R O B I N   S H A R M A -

MI REFLEXIÓN DIARIA

REVISIÓN ESTRATÉGICA SEMANAL

¿QUÉ ME HA FUNCIONADO ESTA SEMANA?

¿QUÉ TENGO QUE MEJORAR?

¿QUÉ PUEDO CELEBRAR?

Para descargar el planificador semanal que utilizo para organizar
mis propias semanas, ve a: The5amClub.com/weeklyplanner

MIS 3 OBJETIVOS PERSONALES PRINCIPALES PARA LA SEMANA ENTRANTE:

1. _____

2. _____

3. _____

MIS 3 OBJETIVOS LABORALES PRINCIPALES PARA LA SEMANA ENTRANTE:

1. _____

2. _____

3. _____

OPTIMIZACIONES GENERALES PARA LA SEMANA ENTRANTE:

1. _____

2. _____

3. _____

—LA FÓRMULA 20/20/20—

FASE N.º 1

5.00 H
5.20 H
MUÉVETE

CONSEGUIDO: SÍ ☐ NO ☐

COMPROMISO PARA MAÑANA POR LA MAÑANA:

_____

_____

FASE N.º 2

5.20 H
5.40 H
REFLEXIONA

CONSEGUIDO: SÍ ☐ NO ☐

COMPROMISO PARA MAÑANA POR LA MAÑANA:

_____

_____

FASE N.º 3

5.40 H
6.00 H
CRECE

CONSEGUIDO: SÍ ☐ NO ☐

COMPROMISO PARA MAÑANA POR LA MAÑANA:

_____

_____

PRÁCTICA MATINAL
5 MICROOBJETIVOS PARA HOY:

1. _____
2. _____
3. _____
4. _____
5. _____

PRÁCTICA NOCTURNA
3 PEQUEÑAS VICTORIAS DE HOY:

1. _____
2. _____
3. _____

RITUAL PREVIO AL SUEÑO: SÍ ☐ NO ☐

«La gente normal puede lograr proezas extraordinarias
si logra sistematizar los hábitos adecuados».

-ROBIN SHARMA-

MI REFLEXIÓN DIARIA

—LA FÓRMULA 20/20/20—

FASE N.º 1

5.00 H
5.20 H
MUÉVETE

CONSEGUIDO: SÍ ☐   NO ☐

COMPROMISO PARA MAÑANA POR LA MAÑANA:

_____

_____

FASE N.º 2

5.20 H
5.40 H
REFLEXIONA

CONSEGUIDO: SÍ ☐   NO ☐

COMPROMISO PARA MAÑANA POR LA MAÑANA:

_____

_____

FASE N.º 3

5.40 H
6.00 H
CRECE

CONSEGUIDO: SÍ ☐   NO ☐

COMPROMISO PARA MAÑANA POR LA MAÑANA:

_____

_____

PRÁCTICA MATINAL
5 MICROOBJETIVOS PARA HOY:

1. _____
2. _____
3. _____
4. _____
5. _____

PRÁCTICA NOCTURNA
3 PEQUEÑAS VICTORIAS DE HOY:

1. _____
2. _____
3. _____

RITUAL PREVIO AL SUEÑO: SÍ ☐   NO ☐

«El dolor del crecimiento es mucho menor
que los costes devastadores del arrepentimiento».

-ROBIN SHARMA-

MI REFLEXIÓN DIARIA

—LA FÓRMULA 20/20/20—

FASE N.º 1

5.00 H
5.20 H
MUÉVETE

CONSEGUIDO: SÍ ☐   NO ☐

COMPROMISO PARA MAÑANA POR LA MAÑANA:

_____

_____

FASE N.º 2

5.20 H
5.40 H
REFLEXIONA

CONSEGUIDO: SÍ ☐   NO ☐

COMPROMISO PARA MAÑANA POR LA MAÑANA:

_____

_____

FASE N.º 3

5.40 H
6.00 H
CRECE

CONSEGUIDO: SÍ ☐   NO ☐

COMPROMISO PARA MAÑANA POR LA MAÑANA:

_____

_____

PRÁCTICA MATINAL
5 MICROOBJETIVOS PARA HOY:

1. _____
2. _____
3. _____
4. _____
5. _____

PRÁCTICA NOCTURNA
3 PEQUEÑAS VICTORIAS DE HOY:

1. _____
2. _____
3. _____

RITUAL PREVIO AL SUEÑO: SÍ ☐   NO ☐

«Todo se crea dos veces: primero en la mente y luego en la realidad».
- R O B I N   S H A R M A -

MI REFLEXIÓN DIARIA

—LA FÓRMULA 20/20/20—

FASE N.º 1

5.00 H
5.20 H
MUÉVETE

CONSEGUIDO: SÍ ☐   NO ☐

COMPROMISO PARA MAÑANA POR LA MAÑANA:

_____

_____

FASE N.º 2

5.20 H
5.40 H
REFLEXIONA

CONSEGUIDO: SÍ ☐   NO ☐

COMPROMISO PARA MAÑANA POR LA MAÑANA:

_____

FASE N.º 3

5.40 H
6.00 H
CRECE

CONSEGUIDO: SÍ ☐   NO ☐

COMPROMISO PARA MAÑANA POR LA MAÑANA:

_____

_____

PRÁCTICA MATINAL
5 MICROOBJETIVOS PARA HOY:

1. _____
2. _____
3. _____
4. _____
5. _____

PRÁCTICA NOCTURNA
3 PEQUEÑAS VICTORIAS DE HOY:

1. _____
2. _____
3. _____

RITUAL PREVIO AL SUEÑO: SÍ ☐   NO ☐

«Nunca pierdas la esperanza. Obtendrás beneficios inesperados».
- R O B I N   S H A R M A -

MI REFLEXIÓN DIARIA

—LA FÓRMULA 20/20/20—

FASE N.º 1

5.00 H
5.20 H
MUÉVETE

CONSEGUIDO: SÍ ☐ NO ☐

COMPROMISO PARA MAÑANA POR LA MAÑANA:

_____

FASE N.º 2

5.20 H
5.40 H
REFLEXIONA

CONSEGUIDO: SÍ ☐ NO ☐

COMPROMISO PARA MAÑANA POR LA MAÑANA:

_____

FASE N.º 3

5.40 H
6.00 H
CRECE

CONSEGUIDO: SÍ ☐ NO ☐

COMPROMISO PARA MAÑANA POR LA MAÑANA:

_____

PRÁCTICA MATINAL
5 MICROOBJETIVOS PARA HOY:

1. _____
2. _____
3. _____
4. _____
5. _____

PRÁCTICA NOCTURNA
3 PEQUEÑAS VICTORIAS DE HOY:

1. _____
2. _____
3. _____

RITUAL PREVIO AL SUEÑO: SÍ ☐ NO ☐

«Ser tú mismo es una carta de amor al mundo».
- R O B I N   S H A R M A -

MI REFLEXIÓN DIARIA

—LA FÓRMULA 20/20/20—

FASE N.º 1

5.00 H
5.20 H
MUÉVETE

CONSEGUIDO: SÍ ☐ NO ☐

COMPROMISO PARA MAÑANA POR LA MAÑANA:

_____

_____

FASE N.º 2

5.20 H
5.40 H
REFLEXIONA

CONSEGUIDO: SÍ ☐ NO ☐

COMPROMISO PARA MAÑANA POR LA MAÑANA:

_____

_____

FASE N.º 3

5.40 H
6.00 H
CRECE

CONSEGUIDO: SÍ ☐ NO ☐

COMPROMISO PARA MAÑANA POR LA MAÑANA:

_____

_____

PRÁCTICA MATINAL
5 MICROOBJETIVOS PARA HOY:

1. _____
2. _____
3. _____
4. _____
5. _____

PRÁCTICA NOCTURNA
3 PEQUEÑAS VICTORIAS DE HOY:

1. _____
2. _____
3. _____

RITUAL PREVIO AL SUEÑO: SÍ ☐ NO ☐

«Concluye la sinfonía. Recita la poesía. Huye de la mediocridad.
Confiesa tu grandeza. Conviértete en legendario».

- R O B I N   S H A R M A -

MI REFLEXIÓN DIARIA

—LA FÓRMULA 20/20/20—

FASE N.º 1

5.00 H
5.20 H
MUÉVETE

CONSEGUIDO: SÍ ☐ NO ☐

COMPROMISO PARA MAÑANA POR LA MAÑANA:

_____

_____

FASE N.º 2

5.20 H
5.40 H
REFLEXIONA

CONSEGUIDO: SÍ ☐ NO ☐

COMPROMISO PARA MAÑANA POR LA MAÑANA:

_____

_____

FASE N.º 3

5.40 H
6.00 H
CRECE

CONSEGUIDO: SÍ ☐ NO ☐

COMPROMISO PARA MAÑANA POR LA MAÑANA:

_____

_____

PRÁCTICA MATINAL
5 MICROOBJETIVOS PARA HOY:

1. _____
2. _____
3. _____
4. _____
5. _____

PRÁCTICA NOCTURNA
3 PEQUEÑAS VICTORIAS DE HOY:

1. _____
2. _____
3. _____

RITUAL PREVIO AL SUEÑO: SÍ ☐ NO ☐

«Abandona la prisión de tu pasado. Conviértete en el arquitecto de tu futuro».

-ROBIN SHARMA-

MI REFLEXIÓN DIARIA

REVISIÓN ESTRATÉGICA SEMANAL

¿QUÉ ME HA FUNCIONADO ESTA SEMANA?

¿QUÉ TENGO QUE MEJORAR?

¿QUÉ PUEDO CELEBRAR?

Para descargar el planificador semanal que utilizo para organizar
mis propias semanas, ve a: The5amClub.com/weeklyplanner

MIS 3 OBJETIVOS PERSONALES PRINCIPALES
PARA LA SEMANA ENTRANTE:

① _____

② _____

③ _____

MIS 3 OBJETIVOS LABORALES PRINCIPALES
PARA LA SEMANA ENTRANTE:

① _____

② _____

③ _____

OPTIMIZACIONES GENERALES
PARA LA SEMANA ENTRANTE:

① _____

② _____

③ _____

—LA FÓRMULA 20/20/20—

FASE N.º 1

5.00 H
5.20 H
MUÉVETE

CONSEGUIDO: SÍ ☐ NO ☐

COMPROMISO PARA MAÑANA POR LA MAÑANA:

_____

_____

FASE N.º 2

5.20 H
5.40 H
REFLEXIONA

CONSEGUIDO: SÍ ☐ NO ☐

COMPROMISO PARA MAÑANA POR LA MAÑANA:

_____

_____

FASE N.º 3

5.40 H
6.00 H
CRECE

CONSEGUIDO: SÍ ☐ NO ☐

COMPROMISO PARA MAÑANA POR LA MAÑANA:

_____

_____

PRÁCTICA MATINAL
5 MICROOBJETIVOS PARA HOY:

1. _____
2. _____
3. _____
4. _____
5. _____

PRÁCTICA NOCTURNA
3 PEQUEÑAS VICTORIAS DE HOY:

1. _____
2. _____
3. _____

RITUAL PREVIO AL SUEÑO: SÍ ☐ NO ☐

«Declara la guerra a la debilidad y lanza una campaña contra el miedo.
Puedes levantarte temprano. Hacerlo es una necesidad
en tu búsqueda formidable de lo legendario».
- R O B I N   S H A R M A -

MI REFLEXIÓN DIARIA

—LA FÓRMULA 20/20/20—

FASE N.º 1

5.00 H
5.20 H
MUÉVETE

CONSEGUIDO: SÍ ☐ NO ☐

COMPROMISO PARA MAÑANA POR LA MAÑANA:

_____

_____

FASE N.º 2

5.20 H
5.40 H
REFLEXIONA

CONSEGUIDO: SÍ ☐ NO ☐

COMPROMISO PARA MAÑANA POR LA MAÑANA:

_____

_____

FASE N.º 3

5.40 H
6.00 H
CRECE

CONSEGUIDO: SÍ ☐ NO ☐

COMPROMISO PARA MAÑANA POR LA MAÑANA:

_____

_____

PRÁCTICA MATINAL
5 MICROOBJETIVOS PARA HOY:

1. _____
2. _____
3. _____
4. _____
5. _____

PRÁCTICA NOCTURNA
3 PEQUEÑAS VICTORIAS DE HOY:

1. _____
2. _____
3. _____

RITUAL PREVIO AL SUEÑO: SÍ ☐ NO ☐

«Si la excelencia fuese fácil, todo el mundo la alcanzaría».

-ROBIN SHARMA-

MI REFLEXIÓN DIARIA

—LA FÓRMULA 20/20/20—

FASE N.º 1

5.00 H
5.20 H
MUÉVETE

CONSEGUIDO: SÍ ☐   NO ☐

COMPROMISO PARA MAÑANA POR LA MAÑANA:

_____

_____

FASE N.º 2

5.20 H
5.40 H
REFLEXIONA

CONSEGUIDO: SÍ ☐   NO ☐

COMPROMISO PARA MAÑANA POR LA MAÑANA:

_____

_____

FASE N.º 3

5.40 H
6.00 H
CRECE

CONSEGUIDO: SÍ ☐   NO ☐

COMPROMISO PARA MAÑANA POR LA MAÑANA:

_____

_____

PRÁCTICA MATINAL
5 MICROOBJETIVOS PARA HOY:

1. _____
2. _____
3. _____
4. _____
5. _____

PRÁCTICA NOCTURNA
3 PEQUEÑAS VICTORIAS DE HOY:

1. _____
2. _____
3. _____

RITUAL PREVIO AL SUEÑO: SÍ ☐   NO ☐

«El crecimiento es el verdadero deporte que practican los mejores, cada día».

- R O B I N   S H A R M A -

MI REFLEXIÓN DIARIA

—LA FÓRMULA 20/20/20—

FASE N.º 1

5.00 H
5.20 H
MUÉVETE

CONSEGUIDO: SÍ ☐ NO ☐

COMPROMISO PARA MAÑANA POR LA MAÑANA:

_____

_____

FASE N.º 2

5.20 H
5.40 H
REFLEXIONA

CONSEGUIDO: SÍ ☐ NO ☐

COMPROMISO PARA MAÑANA POR LA MAÑANA:

_____

_____

FASE N.º 3

5.40 H
6.00 H
CRECE

CONSEGUIDO: SÍ ☐ NO ☐

COMPROMISO PARA MAÑANA POR LA MAÑANA:

_____

_____

PRÁCTICA MATINAL
5 MICROOBJETIVOS PARA HOY:

1. _____
2. _____
3. _____
4. _____
5. _____

PRÁCTICA NOCTURNA
3 PEQUEÑAS VICTORIAS DE HOY:

1. _____
2. _____
3. _____

RITUAL PREVIO AL SUEÑO: SÍ ☐ NO ☐

«Conviértete en el héroe que el mundo espera que seas.
Una larga vida es un breve trayecto».

-ROBIN SHARMA-

MI REFLEXIÓN DIARIA

—LA FÓRMULA 20/20/20—

FASE N.º 1

5.00 H
5.20 H
MUÉVETE

CONSEGUIDO: SÍ ☐   NO ☐

COMPROMISO PARA MAÑANA POR LA MAÑANA:

_____

_____

FASE N.º 2

5.20 H
5.40 H
REFLEXIONA

CONSEGUIDO: SÍ ☐   NO ☐

COMPROMISO PARA MAÑANA POR LA MAÑANA:

_____

FASE N.º 3

5.40 H
6.00 H
CRECE

CONSEGUIDO: SÍ ☐   NO ☐

COMPROMISO PARA MAÑANA POR LA MAÑANA:

_____

PRÁCTICA MATINAL
5 MICROOBJETIVOS PARA HOY:

1. _____
2. _____
3. _____
4. _____
5. _____

PRÁCTICA NOCTURNA
3 PEQUEÑAS VICTORIAS DE HOY:

1. _____
2. _____
3. _____

RITUAL PREVIO AL SUEÑO: SÍ ☐   NO ☐

«Convierte el dolor en poder, la limitación en liderazgo, el horror en esperanza y el ajetreo en productividad».

-ROBIN SHARMA-

MI REFLEXIÓN DIARIA

—LA FÓRMULA 20/20/20—

FASE N.º 1

5.00 H
5.20 H
MUÉVETE

CONSEGUIDO: SÍ ☐ NO ☐

COMPROMISO PARA MAÑANA POR LA MAÑANA:

_____

FASE N.º 2

5.20 H
5.40 H
REFLEXIONA

CONSEGUIDO: SÍ ☐ NO ☐

COMPROMISO PARA MAÑANA POR LA MAÑANA:

_____

FASE N.º 3

5.40 H
6.00 H
CRECE

CONSEGUIDO: SÍ ☐ NO ☐

COMPROMISO PARA MAÑANA POR LA MAÑANA:

_____

PRÁCTICA MATINAL
5 MICROOBJETIVOS PARA HOY:

1. _____
2. _____
3. _____
4. _____
5. _____

PRÁCTICA NOCTURNA
3 PEQUEÑAS VICTORIAS DE HOY:

1. _____
2. _____
3. _____

RITUAL PREVIO AL SUEÑO: SÍ ☐ NO ☐

«El rendimiento de élite sin renovación conduce al desgaste de tu genio.
Tómate tiempo para descansar, leer, pensar, amar, aprender y pasarlo en grande».

-ROBIN SHARMA-

MI REFLEXIÓN DIARIA

—LA FÓRMULA 20/20/20—

FASE N.º 1

5.00 H
5.20 H
MUÉVETE

CONSEGUIDO: SÍ ☐ NO ☐

COMPROMISO PARA MAÑANA POR LA MAÑANA:

_____

_____

FASE N.º 2

5.20 H
5.40 H
REFLEXIONA

CONSEGUIDO: SÍ ☐ NO ☐

COMPROMISO PARA MAÑANA POR LA MAÑANA:

_____

_____

FASE N.º 3

5.40 H
6.00 H
CRECE

CONSEGUIDO: SÍ ☐ NO ☐

COMPROMISO PARA MAÑANA POR LA MAÑANA:

_____

_____

PRÁCTICA MATINAL
5 MICROOBJETIVOS PARA HOY:

1. _____
2. _____
3. _____
4. _____
5. _____

PRÁCTICA NOCTURNA
3 PEQUEÑAS VICTORIAS DE HOY:

1. _____
2. _____
3. _____

RITUAL PREVIO AL SUEÑO: SÍ ☐ NO ☐

«El coste importa menos que los beneficios que obtendrás de tu inversión».

- R O B I N S H A R M A -

MI REFLEXIÓN DIARIA

REVISIÓN ESTRATÉGICA SEMANAL

¿QUÉ ME HA FUNCIONADO ESTA SEMANA?

¿QUÉ TENGO QUE MEJORAR?

¿QUÉ PUEDO CELEBRAR?

MIS 3 OBJETIVOS PERSONALES PRINCIPALES
PARA LA SEMANA ENTRANTE:

① _____

② _____

③ _____

MIS 3 OBJETIVOS LABORALES PRINCIPALES
PARA LA SEMANA ENTRANTE:

① _____

② _____

③ _____

OPTIMIZACIONES GENERALES
PARA LA SEMANA ENTRANTE:

① _____

② _____

③ _____

—LA FÓRMULA 20/20/20—

FASE N.º 1

5.00 H
5.20 H
MUÉVETE

CONSEGUIDO: SÍ ☐   NO ☐

COMPROMISO PARA MAÑANA POR LA MAÑANA:

_____

_____

FASE N.º 2

5.20 H
5.40 H
REFLEXIONA

CONSEGUIDO: SÍ ☐   NO ☐

COMPROMISO PARA MAÑANA POR LA MAÑANA:

_____

_____

FASE N.º 3

5.40 H
6.00 H
CRECE

CONSEGUIDO: SÍ ☐   NO ☐

COMPROMISO PARA MAÑANA POR LA MAÑANA:

_____

_____

PRÁCTICA MATINAL
5 MICROOBJETIVOS PARA HOY:

1. _____
2. _____
3. _____
4. _____
5. _____

PRÁCTICA NOCTURNA
3 PEQUEÑAS VICTORIAS DE HOY:

1. _____
2. _____
3. _____

RITUAL PREVIO AL SUEÑO: SÍ ☐   NO ☐

«Para duplicar tus ingresos, duplica tu autoestima.
Porque nunca sobrepasarás la imagen que tienes de ti mismo.
- R O B I N   S H A R M A -

MI REFLEXIÓN DIARIA

—LA FÓRMULA 20/20/20—

FASE N.º 1

5.00 H
5.20 H
MUÉVETE

CONSEGUIDO: SÍ ☐   NO ☐

COMPROMISO PARA MAÑANA POR LA MAÑANA:

_____

_____

FASE N.º 2

5.20 H
5.40 H
REFLEXIONA

CONSEGUIDO: SÍ ☐   NO ☐

COMPROMISO PARA MAÑANA POR LA MAÑANA:

_____

_____

FASE N.º 3

5.40 H
6.00 H
CRECE

CONSEGUIDO: SÍ ☐   NO ☐

COMPROMISO PARA MAÑANA POR LA MAÑANA:

_____

_____

PRÁCTICA MATINAL
5 MICROOBJETIVOS PARA HOY:

1. _____
2. _____
3. _____
4. _____
5. _____

PRÁCTICA NOCTURNA
3 PEQUEÑAS VICTORIAS DE HOY:

1. _____
2. _____
3. _____

RITUAL PREVIO AL SUEÑO: SÍ ☐   NO ☐

«Los problemas son solo oportunidades disfrazadas de lobo».

- R O B I N S H A R M A -

MI REFLEXIÓN DIARIA

—LA FÓRMULA 20/20/20—

FASE N.º 1

5.00 H
5.20 H
MUÉVETE

CONSEGUIDO: SÍ ☐ NO ☐

COMPROMISO PARA MAÑANA POR LA MAÑANA:

_____

_____

FASE N.º 2

5.20 H
5.40 H
REFLEXIONA

CONSEGUIDO: SÍ ☐ NO ☐

COMPROMISO PARA MAÑANA POR LA MAÑANA:

_____

_____

FASE N.º 3

5.40 H
6.00 H
CRECE

CONSEGUIDO: SÍ ☐ NO ☐

COMPROMISO PARA MAÑANA POR LA MAÑANA:

_____

_____

PRÁCTICA MATINAL
5 MICROOBJETIVOS PARA HOY:

1. _____
2. _____
3. _____
4. _____
5. _____

PRÁCTICA NOCTURNA
3 PEQUEÑAS VICTORIAS DE HOY:

1. _____
2. _____
3. _____

RITUAL PREVIO AL SUEÑO: SÍ ☐ NO ☐

«Llevas un héroe en tu interior».
- R O B I N   S H A R M A -

MI REFLEXIÓN DIARIA

—LA FÓRMULA 20/20/20—

FASE N.º 1

5.00 H
5.20 H
MUÉVETE

CONSEGUIDO: SÍ ☐   NO ☐

COMPROMISO PARA MAÑANA POR LA MAÑANA:

_____

_____

FASE N.º 2

5.20 H
5.40 H
REFLEXIONA

CONSEGUIDO: SÍ ☐   NO ☐

COMPROMISO PARA MAÑANA POR LA MAÑANA:

_____

_____

FASE N.º 3

5.40 H
6.00 H
CRECE

CONSEGUIDO: SÍ ☐   NO ☐

COMPROMISO PARA MAÑANA POR LA MAÑANA:

_____

_____

PRÁCTICA MATINAL
5 MICROOBJETIVOS PARA HOY:

1. _____
2. _____
3. _____
4. _____
5. _____

PRÁCTICA NOCTURNA
3 PEQUEÑAS VICTORIAS DE HOY:

1. _____
2. _____
3. _____

RITUAL PREVIO AL SUEÑO: SÍ ☐   NO ☐

«Ganar sin ayudar es perder».
- R O B I N   S H A R M A -

MI REFLEXIÓN DIARIA

—LA FÓRMULA 20/20/20—

FASE N.º 1

5.00 H
5.20 H
MUÉVETE

CONSEGUIDO: SÍ ☐   NO ☐

COMPROMISO PARA MAÑANA POR LA MAÑANA:

_____

_____

FASE N.º 2

5.20 H
5.40 H
REFLEXIONA

CONSEGUIDO: SÍ ☐   NO ☐

COMPROMISO PARA MAÑANA POR LA MAÑANA:

_____

_____

FASE N.º 3

5.40 H
6.00 H
CRECE

CONSEGUIDO: SÍ ☐   NO ☐

COMPROMISO PARA MAÑANA POR LA MAÑANA:

_____

_____

PRÁCTICA MATINAL
5 MICROOBJETIVOS PARA HOY:

1. _____
2. _____
3. _____
4. _____
5. _____

PRÁCTICA NOCTURNA
3 PEQUEÑAS VICTORIAS DE HOY:

1. _____
2. _____
3. _____

RITUAL PREVIO AL SUEÑO: SÍ ☐   NO ☐

«Con práctica, puedes bajar el volumen de esa voz asustadiza de tu interior.
Y subir el tono de la faceta más triunfadora de ti mismo».

-ROBIN SHARMA-

MI REFLEXIÓN DIARIA

—LA FÓRMULA 20/20/20—

FASE N.º 1

5.00 H
5.20 H
MUÉVETE

CONSEGUIDO: SÍ ☐ NO ☐

COMPROMISO PARA MAÑANA POR LA MAÑANA:

_____

_____

FASE N.º 2

5.20 H
5.40 H
REFLEXIONA

CONSEGUIDO: SÍ ☐ NO ☐

COMPROMISO PARA MAÑANA POR LA MAÑANA:

_____

_____

FASE N.º 3

5.40 H
6.00 H
CRECE

CONSEGUIDO: SÍ ☐ NO ☐

COMPROMISO PARA MAÑANA POR LA MAÑANA:

_____

_____

PRÁCTICA MATINAL
5 MICROOBJETIVOS PARA HOY:

1. _____
2. _____
3. _____
4. _____
5. _____

PRÁCTICA NOCTURNA
3 PEQUEÑAS VICTORIAS DE HOY:

1. _____
2. _____
3. _____

RITUAL PREVIO AL SUEÑO: SÍ ☐ NO ☐

«Cada mañana es una página en la historia que se convierte en tu legado».
- R O B I N   S H A R M A -

MI REFLEXIÓN DIARIA

CONSULTA DE DESEMPEÑO EN 30 DÍAS

RANGO:

0   1   2   3   4   5   6   7   8   9   10

BAJO   EXCELENTE

¿EN QUÉ ESTOY GANANDO?

MIS 3 VICTORIAS PRINCIPALES EN LOS ÚLTIMOS 30 DÍAS

① _____

② _____

③ _____

 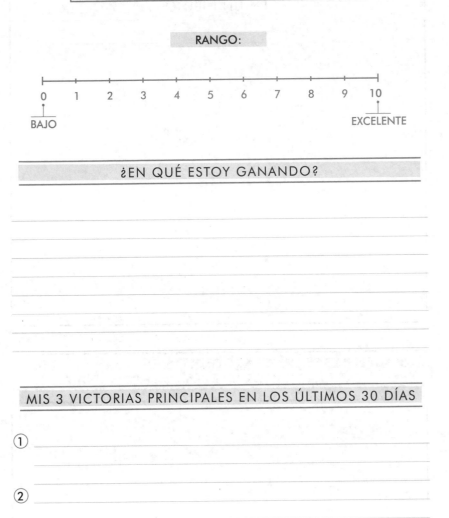

MIS PRÓXIMOS 30 DÍAS IDEALES
EN UN DIBUJO

5 ACELERADORES DEL PROGRESO QUE HARÁN DE LOS PRÓXIMOS 30 DÍAS MIS MEJORES 30 DÍAS HASTA AHORA

1.

2.

3.

4.

5.

¿ADÓNDE IR A CONTINUACIÓN?

Para ayudarte a recibir resultados aún más grandes de tu rutina matinal, además de elevar todas las demás áreas importantes de tu vida, te abro mi refugio y te doy acceso completo —sin coste alguno— a

La Fórmula del Héroe Cotidiano

Este sistema de entrenamiento de cuatro vídeos [valorado en 4.995 dólares] es absolutamente transformador y el mejor modo de que lleves el resto de tu vida al más alto nivel.
Sé que *La Fórmula del Héroe Cotidiano* te ayudará a continuar ascendiendo, liderar tu campo y materializar tu misión, así que, adelante, pide acceso gratuito en

The5amClub.com/FreeVideoCourse

ESPERO QUE ESTO TE AYUDE
Y FELICIDADES POR CONCLUIR TU

DIARIO DE MAESTRÍA DE 90 DÍAS

Papel certificado por el Forest Stewardship Council®

MIXTO
Papel procedente de
fuentes responsables
FSC® C117695

Penguin
Random House
Grupo Editorial

Título original: *The 5AM Club Daily Journal*

Primera edición: marzo de 2023
Primera reimpresión: marzo de 2023

© 2023, Robin Sharma
© 2023, Penguin Random House Grupo Editorial, S. A. U.
Travessera de Gràcia, 47-49. 08021 Barcelona
© 2023, Andrea Montero Cusset, por la traducción

Printed in Spain – Impreso en España

ISBN: 978-84-253-6234-7
Depósito legal: B-964-2023

Compuesto en Pleca Digital, S. L. U.

Impreso en Gómez Aparicio, S. L.
Casarrubuelos (Madrid)

GR 6 2 3 4 A

«Para viajar lejos no hay mejor nave que un libro».

EMILY DICKINSON

Gracias por tu lectura de este libro.

En **penguinlibros.club** encontrarás las mejores
recomendaciones de lectura.

Únete a nuestra comunidad y viaja con nosotros.

penguinlibros.club

 penguinlibros